Collection folio junior en poésie

Maquette de Karine Benoit

Présenté par

Michel Cosem

ROBERT DESNOS

UN POÉTE

Gallimard
Jeunesse

ROBERT DESNOS, UN POÈTE

Robert Desnos a souvent affirmé que les œuvres d'art ne peuvent être dissociées de leur créateur. C'est de ce lien d'une œuvre à une vie que naissent le sens et la force des formes esthétiques, poème ou tableau. Allant jusqu'au bout de son intuition, le poète en vient à déclarer de façon radicale que l'œuvre est éphémère et périssable, tout comme le destin de son auteur :

"Eh quoi ? l'homme disparaît. Ses œuvres lui survivent quelque temps. Or je ne crois pas que l'on comprenne vraiment une œuvre sans connaître l'auteur. Les œuvres du passé se corrompent en même temps que les cadavres."

Cependant, s'il en était tout à fait ainsi, nous sentirions-nous encore interpellés par cette apostrophe aux "Sans cou" :

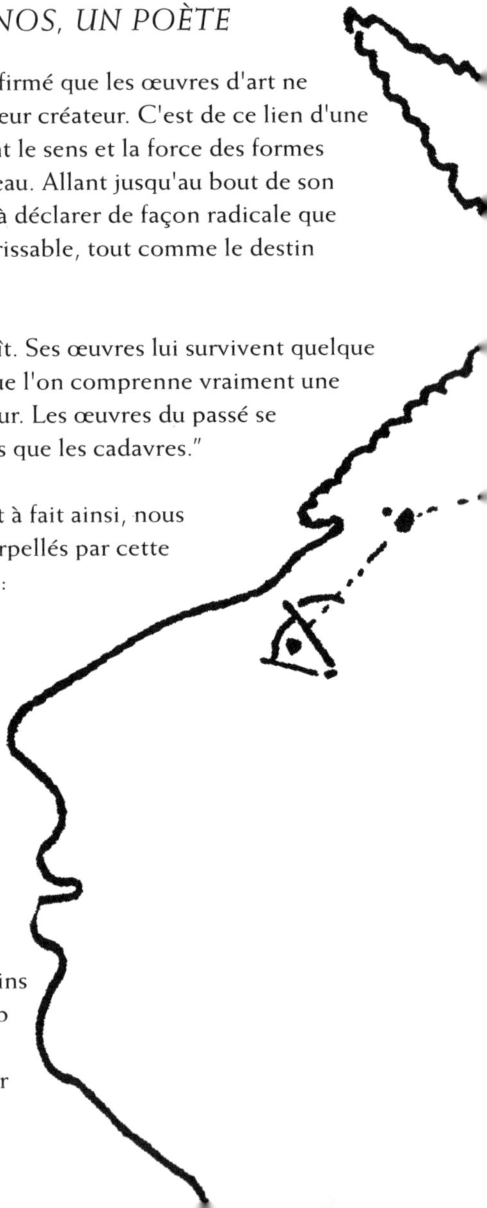

Vous avez le bonjour,
le bonjour de Robert Desnos, de
Robert le Diable, de Robert
Macaire, de Robert Houdin, de
Robert Robert, de Robert mon
oncle,
Et chantez avec moi, tous en
chœur... ?

C'est pourquoi, contre Desnos lui-même, je ne crains pas d'affirmer que beaucoup de ses poèmes sont encore vivants et gardent toute leur signification pour nous.

Si l'on néglige le détail des péripéties qui jalonnent toute histoire individuelle (signalons cependant que Desnos est né à Paris le 4 juillet 1900 et qu'il fut un amoureux passionné de sa ville), on peut dire que la vie de Robert Desnos fut extraordinairement simple, et toujours fidèle à quelques principes fondamentaux.

Au plus profond sans doute, gît le goût de la liberté.

Frère des "Sans cou" (lisez "Les Quatre sans cou" ou "Aux sans cou"), Desnos ne tarda pas à faire l'expérience des contraintes familiales, sociales, économiques. Aussi n'est-ce pas en vain qu'il fait dire à l'un de ses personnages : "Je suis celui sur lequel pèse l'essieu de n'importe quel code."

Mais jamais il ne se laissa écraser. A l'école, il développa sa passion de la littérature sans accorder grande attention aux autres disciplines ; après avoir passé le brevet, il refusa de poursuivre les études commerciales qui lui auraient permis de succéder à son père, mandataire aux Halles. Tôt entré dans la vie active, il fit divers métiers pour assurer son indépendance financière : tour à tour commis droguiste ou secrétaire d'un homme de lettres, journaliste ou gérant d'immeubles, il vécut jusqu'au début des années trente dans une situation matérielle précaire, mais ne transigeant pas sur ce qu'il considérait comme essentiel : vivre

à sa guise. Enfin, de 1933 à 1939, il pratiqua un métier de son goût : la publicité radiophonique. Humour, invention verbale, mise à la portée de tous d'une culture réservée à une élite, participation active des auditeurs à l'élaboration des émissions, telles furent quelques-unes des idées que Desnos mit alors en œuvre. "La Complainte de Fantômas" (avec une musique de Kurt Weil) fut ainsi écrite en 1933 pour une émission radiophonique restée célèbre.
Mais à quoi rimerait cette liberté préservée, si Desnos ne l'avait subordonnée à des choix ? Ce fut, très tôt, le choix d'être poète, c'est-à-dire de donner libre cours aux déchaînements du langage et de l'imagination. On n'est guère étonné de trouver Desnos parmi les surréalistes les plus fervents : à partir de 1922, il pratique la parole et l'écriture automatiques, il expérimente les sommeils hypnotiques, et, selon l'expression d'André Breton, "il parle surréaliste à volonté" (*Manifeste du surréalisme*), "il fonce tête baissée dans toutes les voies du merveilleux" (*Entretiens*). Pourtant,

N° 1 — Première année — 1er Décembre 1924

LA RÉVOLUTION SURRÉALISTE

IL FAUT ABOUTIR A UNE NOUVELLE DÉCLARATION DES DROITS DE L'HOMME

en 1930, Desnos fait partie des exclus du mouvement : aux yeux d'André Breton, il avait démérité de l'éthique surréaliste ; pour Desnos il s'agissait de préserver des positions individualistes face aux décisions collectives du groupe.
C'est après 1940 que Desnos renoue de façon intense avec l'activité poétique : il a pris alors une certaine distance vis-à-vis de l'expérience surréaliste, sans toutefois en nier l'importance – les jeux d'automatisme langagier représentent en quelque sorte l'initiation poétique première et indispensable, à travers laquelle le poète prend la mesure de ses pouvoirs pour en acquérir ensuite la maîtrise. "Il me semble, dit Desnos dans une de ses *Réflexions sur la poésie*, qu'au-delà du surréalisme il y a quelque chose de très mystérieux à réduire, au-delà de

l'automatisme, il y a le délibéré, au-delà de la poésie il y a le poème, au-delà de la poésie subie il y a la poésie imposée, au-delà de la poésie libre il y a le poète libre."

Aux jeux où le poète s'abandonne à la voix surréaliste succèdent les expérimentations formelles où l'adéquation d'un dire à un désir se cherche et s'élabore. Dans les pas de François Villon et de Gérard de Nerval, Desnos vise à "unir le langage populaire à une atmosphère inexprimable, à une imagerie aiguë". Poésie des contrastes, "délirante et lucide".

Libre poète, Robert Desnos fut aussi amant passionné. Deux noms jalonnent sa vie sentimentale : celui d'Yvonne George, à laquelle il voua une passion ardente qui ne fut pas partagée ; l'image de cette belle chanteuse s'inscrit dans maints poèmes, sous la figure de la flamme ou plus encore de l'étoile, céleste ou marine, et dont la place est marquée tant au cœur de Paris que dans la forme d'une main (vous pouvez lire, dans *Corps et biens*, les poèmes "A la Mystérieuse", ainsi que "Les Ténèbres" ; ou encore, dans *Nouvelles Hébrides*, la pièce intitulée : "La Place de l'étoile").

Youki fut l'autre nom de son amour ; à vrai dire, pour l'imaginaire du poète, il n'y eut qu'un seul et unique amour dont Yvonne et

Youki furent les incarnations successives. Dans le long poème "Siramour" (vous le trouvez dans *Fortunes*), Desnos évoque ces deux figures féminines et leurs affrontements : "Je me souviens de la rencontre entre ces deux visages de mon amour, de mon unique amour." Youki, reprenant à Yvonne l'initiale rare Y (symbolisant l'unité par son jambage et le partage par la bifurcation de ses branches), occupe dans l'univers poétique de Desnos la place de la sirène, qui séduit par sa voix et sa nature marine, et répond ainsi aux prestiges de l'étoile. Dans "Siramour", Desnos invoque tour à tour l'étoile et la sirène et affirme la "transfiguration" de l'une en l'autre :

Sais-tu quelle chaîne effrayante de symboles m'a conduit
de toi qui fus l'étoile à elle qui est la sirène ?
Ô sœurs parallèles du ciel et de l'océan !"

C'est dans le tissu du poème que les conflits passionnels trouvent à se résoudre, "car, dit le poète, je crois à la vertu des mots et des choses formulées". Comment dire plus clairement le pouvoir quasi magique accordé à la poésie ? A faire ainsi la part du rêve et de l'imaginaire, Desnos ne risquait-il pas de manquer celle de la réalité ? Il n'en fut rien, et ce pour plusieurs raisons. Pour Desnos, l'activité poétique opère à même le réel et le "surréel" ne s'éprouve que comme une dimension de la réalité. Dans un article

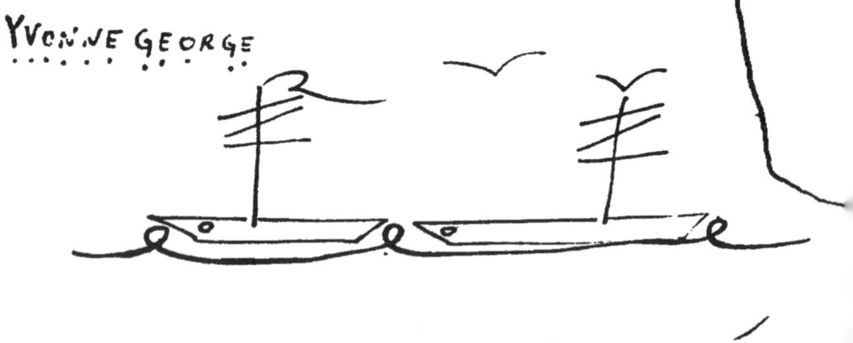

polémique intitulé *Troisième manifeste du surréalisme*, il va jusqu'à dire : “Pour les surréalistes il n'y a qu'une réalité unique, entière, ouverte à tous.” Le poète surréaliste est donc celui qui se situe au plus vrai de la réalité.

D'autre part Desnos n'a rien du poète perdu dans les nuages ; il est attentif à son temps ; il se situe politiquement. Si, en 1927, il n'adhère pas au parti communiste

comme André Breton et nombre de surréalistes, ce n'est pas par incurie mais parce que les impératifs d'un parti lui paraissent inconciliables avec une position individuelle pleinement assumée. Dès 1933 il s'alarme du danger que représentent la montée du nazisme et le développement de l'antisémitisme. Il soutient dès lors les mouvements qui, au-delà des différences politiques, rassemblent ceux qui veulent manifester leur opposition aux régimes fascistes et leur attachement aux libertés. Après avoir adhéré, en 1934, au Front commun de Gaston Bergery, il se montre favorable au Front populaire de 1936 et donne son appui, comme beaucoup d'intellectuels, aux activités de l'A.E.A.R. (Association des Écrivains et Artistes Révolutionnaires) et du Comité de vigilance des intellectuels antifascistes. Il participe à plusieurs numéros de la revue *Commune* qui, par des objectifs suffisamment larges ("la défense de la culture"), réussit à regrouper nombre d'intellectuels communistes et non communistes : enfin, il tient la rubrique des disques dans *Ce soir*, le journal lancé en 1937 par J.-R. Bloch et Aragon.

Dans les années qui précèdent la Seconde Guerre mondiale, il est de ceux qui pensent que le conflit avec l'Allemagne est inévitable et qu'il faut s'y préparer matériellement et moralement. La déclaration de guerre, en 1939, le trouve combatif (ce que certains qualifièrent de patriotisme cocardier) ; la débâcle et l'armistice n'entament nullement sa volonté d'espérer et de lutter. En 1942, après la rafle du Vel'd'hiv', il entre au réseau de résistance "Agir" ; il maintient jusqu'en février 1944 un double jeu par lequel il use de son appartenance au journal collaborationniste *Aujourd'hui* pour recueillir des informations et fournir de faux papiers d'identité à des juifs traqués. Le 22 février 1944, il est arrêté, déporté à Flöha en Saxe et meurt, le 8 juin 1945, au camp de Terezin, en Tchécoslovaquie. Ainsi était-il allé jusqu'au bout du mot révolutionnaire qui avait hanté son imagination : "La liberté ou la mort."

Il serait sans doute hasardeux de vouloir définir la poésie de Robert Desnos en l'espace de quelques pages. Aussi nous contenterons-nous ici de quelques remarques, en laissant aux jeunes lecteurs le plaisir de découvrir eux-mêmes ce qui fait pour eux le charme de ces textes.

Ce que transmet la poésie de Desnos – et tout particulièrement les premiers recueils comme "Rrose Sélavy", "L'Aumonyme", "Langage cuit" – c'est la jubilation de manipuler le langage dans diverses formes de jeux verbaux. Ainsi, empruntant à Marcel Duchamp le personnage de Rrose Sélavy (c'est la vie en rose, ou éros c'est la vie, ou...), il fait d'elle l'héroïne et la clé de sentences à l'effet poétique et humoristique à la fois ; ainsi la formule "Ô mon crâne, étoile de nacre qui s'étiole" joue sur l'équivalence des lettres qui composent les mots crâne et nacre d'une part et étoile et étiole d'autre part. Le néologisme l'"aumonyme" – créé par l'intrication des deux termes : homonyme et aumône – laisse prévoir les jeux d'homonymie qui traversent les poèmes du recueil. Enfin "langage cuit" – qui renverse l'expression toute faite "un langage cru" – annonce la mise à mal des expressions les plus courantes. Le poète s'approprie en quelque sorte la langue, par l'usage particulier qu'il en fait, et il incite le lecteur à participer à son euphorie, non

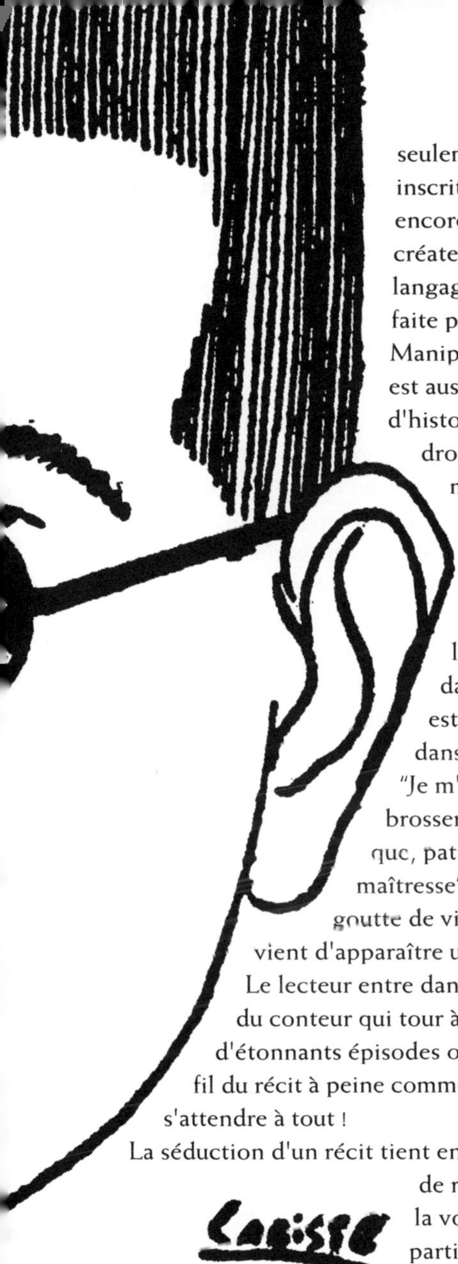

seulement en décryptant les jeux inscrits dans les poèmes, mais encore en devenant lui-même le créateur de monstres et de merveilles langagiers. Car la poésie doit être faite par tous.

Manipulateur du langage, Desnos est aussi un raconteur d'histoires – d'histoires fabuleuses, sorties tout droit de ses rêveries et de la manière intense dont il voit le moindre spectacle partout autour de lui. Il circule à l'aise dans le "surréel", si l'on définit ce dernier comme l'émergence du merveilleux dans le réel quotidien. Le lecteur est introduit tout naturellement dans le récit le plus abracadabrant : "Je m'étais arrêté ce matin-là à brosser les dents d'un joli animal que, patiemment, j'apprivoise" ("Idéal maîtresse") ou encore : "La dernière goutte de vin s'allume au fond du verre où vient d'apparaître un château" ("Fête-diable"). Le lecteur entre dans l'histoire, subit les charmes du conteur qui tour à tour comble son attente par d'étonnants épisodes ou au contraire coupe court le fil du récit à peine commencé. Avec Desnos il faut s'attendre à tout !

La séduction d'un récit tient en grande partie à la façon de raconter, aux inflexions de la voix qui raconte. Ce trait est particulièrement sensible dans les poèmes de Desnos, qui sont faits pour être dits, qui sont avant tout une poésie orale, une poésie de communication : le "je" du conteur, le "tu" de l'interlocuteur – quel qu'il soit : objet, personnage, lecteur – s'inscrivent dans la trame du texte, des dialogues s'y instaurent, des appels, des invocations. La voix de Desnos se fait tour à tour impérieuse ou implorante, elle espère ou désespère mais jamais cette poésie n'efface le sentiment qui la

fonde. Intensément présente, cette voix capte l'attention du lecteur et le prend dans ses rets. Le caractère parlé et familier de cette poésie ne doit pas faire croire à un laisser-aller de l'écriture. Desnos est amoureux du langage : il en joue avec humour et passion, avec dextérité aussi. A partir de 1940, il réfléchit aux conditions d'une poésie à la fois jaillissante et maîtrisée ; il rêve d'une rigueur poétique inspirée des mathématiques ; comme une équation, le vers ou le poème admet une solution juste, toutes les autres n'étant qu'approchées ou fausses. C'est vers une coïncidence toujours plus exacte de la force passionnelle et des exigences formelles que se dirige Robert Desnos dans ses derniers recueils.

On ne saurait terminer ce bref aperçu sur la poésie de Desnos sans dire qu'à partir des années trente, il prit plaisir à écrire à la fois pour Youki (*Youki Poésie 1930*; *Les Nuits blanches*, *Bagatelles*) et pour les enfants ; *La Ménagerie de Tristan* et *Le Parterre d'Hyacinthe* furent écrits et illustrés par Desnos à l'intention des enfants de Lise et Paul Deharme – des amis ; *La Géométrie de Daniel* s'adresse au fils du musicien Darius Milhaud ; enfin paraissait en 1944 le recueil *Trente chantefables pour les enfants sages*. L'humour et la fantaisie qui se déploient dans ces brefs poèmes font de chacun d'eux un jouet à la fois précieux et simple qui incite à dire, à chanter et à rire. Desnos pensait que de toute son œuvre ces chantefleurs et chantefables seraient les textes les plus durables aux yeux de la postérité – c'est-à-dire à vos yeux, jeunes lecteurs. Alors, lisez, prenez plaisir à toutes ces histoires, la voix de Robert Desnos vous y invite.

CORPS
ET BIENS

1. Dans un temple en stuc de pomme le pasteur distillait le suc des psaumes.

3. Voyageurs, portez des plumes de paon aux filles de Pampelune.

Question aux astronomes :

6. Rrose Sélavy inscrira-t-elle longtemps au cadran des astres le cadastre des ans ?

7. Ô mon crâne, étoile de nacre qui s'étiole.

8. Au pays de Rrose Sélavy on aime les fous et les loups sans foi ni loi.

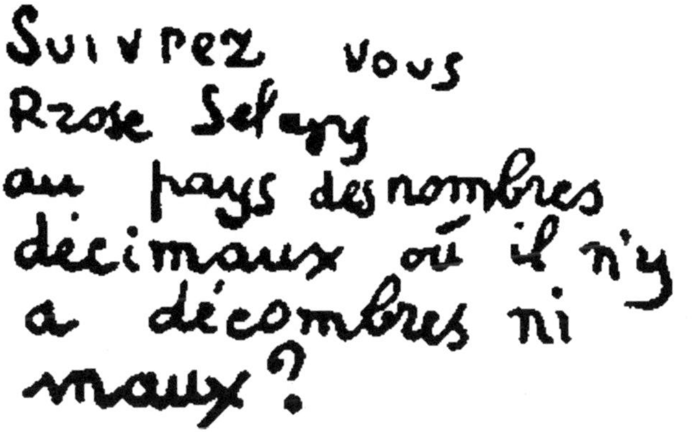

9. Suivrez-vous Rrose Sélavy au pays des nombres décimaux où il n'y a décombres ni maux ?

10. Rrose Sélavy se demande si la mort des saisons fait tomber un sort sur les maisons.

11. Passez-moi mon arc berbère, dit le monarque barbare.

15. Perdue sur la mer sans fin, Rrose Sélavy mangera-t-elle du fer après avoir mangé ses mains ?

20. Pourquoi votre incarnat est-il devenu si terne, petite fille, dans cet internat où votre œil se cerna ?

27. Le temps est un aigle agile dans un temple.

29. Ah ! meurs, amour !

34. Dans le sommeil de Rrose Sélavy il y a un nain sorti d'un puits qui vient manger son pain, la nuit.

35. Si le silence est d'or, Rrose Sélavy abaisse ses cils et s'endort.

44. Amoureux voyageur sur la carte du tendre, pourquoi nourrir vos nuits d'une tarte de cendre ?

Martyre de saint Sébastien :

45. Mieux que ses seins ses bas se tiennent.

51. Rrose Sélavy s'étonne que de la contagion des reliques soit née la religion catholique.

Devise de Rrose Sélavy :

53. Plus que poli pour être honnête
Plus que poète pour être honni.

61. Apprenez que la geste célèbre de Rrose Sélavy est inscrite dans l'algèbre céleste.

66. Beaux corps sur les billards, vous serez peaux sur les corbillards !

71. Rrose Sélavy au seuil des cieux porte le deuil des dieux.

88. Au fond d'une mine Rrose Sélavy prépare la fin du monde.

119. Prométhée moi l'amour !

148. Plus fait violeur que doux sens.

149. Jeux de mots jets mous.

150. Aimable souvent est sable mouvant.

21 *HEURES LE* 26-11-22

En attendant
en nattant l'attente.
Sous quelle tente
mes tantes
ont-elles engendré
les neveux silencieux
que nul ne veut sous les cieux
appeler ses cousins ?
En nattant les cheveux du silence
six lances
percent mes pensées en attendant.

*

Notre paire quiète, ô yeux !
que votre "non", soit sang (t'y fier ?)
que votre araignée rie,
que votre vol honteux soit fête (au fait)
sur la terre (commotion).

Donnez-nous, aux joues réduites,
notre pain quotidien.
Part, donnez-nous, de nos œufs foncés
comme nous part donnons
à ceux qui nous ont offensés.
Nounou laissez-nous succomber à la tentation
et d'aile ivrez-vous du mal.

*

Exhausser ma pensée
Exaucer ma voix.

*

syllabes
Prisonnier des { et non des sens
mots
Pris au nier....... ?
ser
des cils a bai {
ssés
haï
Oh ! hais non des sens
mais des FORMES-PRISONS

P'OASIS

Nous sommes les pensées arborescentes qui fleurissent sur les chemins des jardins cérébraux.

– Sœur Anne, ma Sainte Anne, ne vois-tu rien venir... vers Sainte-Anne ?

– Je vois les pensées odorer les mots.

– Nous sommes les mots arborescents qui fleurissent sur les chemins des jardins cérébraux.

De nous naissent les pensées.

– Nous sommes les pensées arborescentes qui fleurissent sur les chemins des jardins cérébraux.

Les mots sont nos esclaves.

– Nous sommes

– Nous sommes

– Nous sommes les lettres arborescentes qui fleurissent sur les chemins des jardins cérébraux.

Nous n'avons pas d'esclaves.

– Sœur Anne, ma sœur Anne, que vois-tu venir vers Sainte-Anne ?

– Je vois les Pan C

– Je vois les crânes KC

– Je vois les mains DCD

– Je les M

– Je vois les pensées BC et les femmes ME
et les poumons qui en ont AC de l'RLO
poumons noyés des ponts NMI.
Mais la minute précédente est déjà trop AG.

– Nous sommes les arborescences qui fleurissent sur les déserts des jardins cérébraux.

IDÉAL MAÎTRESSE

Je m'étais attardé ce matin-là à brosser les dents d'un joli animal que, patiemment, j'apprivoise. C'est un caméléon. Cette aimable bête fuma, comme à l'ordinaire, quelques cigarettes, puis je partis.

Dans l'escalier je la rencontrai. "Je mauve", me dit-elle et tandis que moi-même je cristal à pleine ciel-je à son regard qui fleuve vers moi.

Or il serrure et, maîtresse ! Tu pitchpin qu'a joli vase je me chaise si les chemins tombeaux.

L'escalier, toujours l'escalier qui bibliothèque et la foule au bas plus abîme que le soleil ne cloche.

Remontons ! mais en vain, les souvenirs se sardine ! à peine, à peine un bouton tirelire-t-il. Tombez, tombez ! En voici le verdict : "La danseuse sera fusillée à l'aube en tenue de danse avec ses bijoux immolés au feu de son corps. Le sang des bijoux, soldats !"

Eh quoi, déjà je miroir. Maîtresse tu carré noir et si
les nuages de tout à l'heure myosotis, ils moulins
dans la toujours présente éternité.

ÉLÉGANT CANTIQUE DE SALOMÉ SALOMON

Mon mal meurt mais mes mains miment
Nœuds, nerfs non anneaux. Nul nord
Même amour mol ? mames, mord
Nus nénés nonne ni Nine.

Où est Ninive sur la mammemonde ?

Ma mer, m'amis, me murmure :
"nos nils noient nos nuits nées neiges".
Meurt momie ! môme : âme au mur.
Néant nié nom ni nerf n'ai-je !

Aime haine
Et n'aime
haine aime
aimai ne

M N
N M
N M
M N

UN JOUR QU'IL FAISAIT NUIT

Il s'envola au fond de la rivière.
Les pierres en bois d'ébène les fils de fer en or et la croix sans branche.
Tout rien.
Je la hais d'amour comme tout un chacun.
Le mort respirait de grandes bouffées de vide.
Le compas traçait des carrés et des triangles à cinq côtés.
Après cela il descendit au grenier.
Les étoiles de midi resplendissaient.
Le chasseur revenait carnassière pleine de poissons sur la rive au milieu de la Seine.
Un ver de terre marque le centre du cercle sur la circonférence.
En silence mes yeux prononcèrent un bruyant discours.
Alors nous avancions dans une allée déserte où se pressait la foule.
Quand la marche nous eut bien reposés nous eûmes le courage de nous asseoir puis au réveil nos yeux se fermèrent et l'aube versa sur nous les réservoirs de la nuit.
La pluie nous sécha.

LA COLOMBE DE L'ARCHE

Maudit
soit le père de l'épouse
du forgeron qui forgea le fer de la cognée
avec laquelle le bûcheron abattit le chêne
dans lequel on sculpta le lit
où fut engendré l'arrière-grand-père
de l'homme qui conduisit la voiture
dans laquelle ta mère
rencontra ton père !

(14 novembre 1923)

J'AI TANT RÊVÉ DE TOI

J'ai tant rêvé de toi que tu perds ta réalité.

Est-il encore temps d'atteindre ce corps vivant et de baiser sur cette bouche la naissance de la voix qui m'est chère ?

J'ai tant rêvé de toi que mes bras habitués, en étreignant ton ombre, à se croiser sur ma poitrine ne se plieraient pas au contour de ton corps, peut-être.

Et que, devant l'apparence réelle de ce qui me hante et me gouverne depuis des jours et des années, je deviendrais une ombre sans doute.

Ô balances sentimentales.

J'ai tant rêvé de toi qu'il n'est plus temps sans doute que je m'éveille. Je dors debout, le corps exposé à toutes les apparences de la vie et de l'amour et toi, la seule qui compte aujourd'hui pour moi, je pourrais moins toucher ton front et tes lèvres que les premières lèvres et le premier front venus.

J'ai tant rêvé de toi, tant marché, parlé, couché avec ton fantôme qu'il ne me reste plus peut-être, et pourtant, qu'à être fantôme parmi les fantômes et plus ombre cent fois que l'ombre qui se promène et se promènera allégrement sur le cadran solaire de ta vie.

L'IDÉE FIXE

Je t'apporte une petite algue qui se mêlait à l'écume de la mer et ce peigne
Mais tes cheveux sont mieux nattés que les nuages avec le vent avec les rougeurs célestes et tels avec des frémissements de vie et de sanglots que se tordant parfois entre mes mains ils meurent avec les flots et les récifs du rivage en telle abondance qu'il faudra longtemps pour désespérer des parfums et de leur fuite avec le soir où ce peigne marque sans bouger les étoiles ensevelies dans leur rapide et soyeux cours traversé par mes doigts sollicitant encore à leur racine la caresse humide d'une mer plus dangereuse que celle où cette algue fut recueillie avec la mousse dispersée d'une tempête
Une étoile qui meurt est pareille à tes lèvres
Elles bleuissent comme le vin répandu sur la nappe
Un instant passe avec la profondeur d'une mine
L'anthracite se plaint sourdement et tombe en flocons sur la ville
Qu'il fait froid dans l'impasse où je t'ai connue
Un numéro oublié sur une maison en ruines
Le numéro 4 je crois
Je te retrouverai avant quelques jours près de ce pot de reine-marguerite
Les mines ronflent sourdement
Les toits sont couverts d'anthracite
Ce peigne dans tes cheveux semblable à la fin du monde
La fumée le vieil oiseau et geai
Là sont finies les roses et les émeraudes
Les pierres précieuses et les fleurs
La terre s'effrite et s'étoile avec le bruit d'un fer à repasser sur la nacre
Mais tes cheveux si bien nattés ont la forme d'une main.

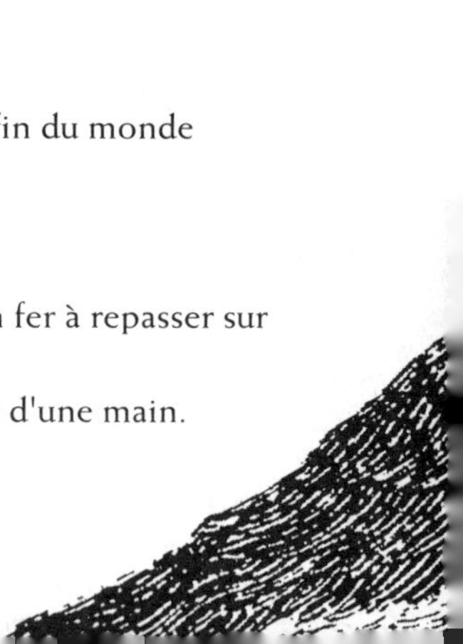

AU PETIT JOUR

Le schiste éclairera-t-il la nuit blanche du liège ?
Nous nous perdrons dans le corridor de minuit avec la calme horreur du sanglot qui meurt
Accourez tous lézards fameux depuis l'antiquité plantes grimpantes carnivores digitales
Accourez lianes
Sifflet des révoltes
Accourez girafes
Je vous convie à un grand festin
Tel que la lumière des verres sera pareille à l'aurore boréale
Les ongles des femmes seront des cygnes étranglés
Pas très loin d'ici une herbe sèche sur le bord du chemin

EN SURSAUT

Sur la route en revenant des sommets rencontré par les corbeaux et les châtaignes
Salué la jalousie et la pâle flatteuse
Le désastre enfin le désastre annoncé
Pourquoi pâlir pourquoi frémir ?
Salué la jalousie et le règne animal avec la fatigue avec le désordre avec la jalousie
Un voile qui se déploie au-dessus des têtes nues
Je n'ai jamais parlé de mon rêve de paille
Mais où sont partis les arbres solitaires du théâtre
Je ne sais où je vais j'ai des feuilles dans les mains j'ai des feuilles dans la bouche
Je ne sais si mes yeux se sont clos cette nuit sur les ténèbres précieuses ou sur un fleuve d'or et de flamme
Est-il le jour des rencontres et des poursuites
J'ai des feuilles dans les mains j'ai des feuilles dans la bouche.

PASSÉ LE PONT

La porte se ferme sur l'idole de plomb
Rien désormais ne peut signaler à l'attention publique cette maison isolée
Seule l'eau peut-être se doutera de quelque chose
Les clairs matins d'automne la corde au cou plongent dans la rivière
Le myosotis petit chien de Syracuse n'appellera jamais plus la fermière aux yeux pers de son cri de mauvais augure
Du temps de Philippe le Bel à travers les forêts de cristal un grand cri vient battre les murs recouverts de lierre
La porte se ferme
Taisez-vous ah taisez-vous laissez dormir l'eau froide au bas de son sommeil
Laissez les poissons s'enfoncer vers les étoiles
Le vent du canapé géant sur lequel reposent les murmures le vent sinistre des métamorphoses se lève
Mort aux dents à la voile blanche mort à la cime éternelle
Laissez-la dormir vous dis-je laissez-la dormir ou bien j'affirme que des abîmes se creuseront
Que tout sera désormais fini entre la mousse et le cercueil
Je n'ai pas dit cela
Je n'ai rien dit
Qu'ai-je dit ?
Laissez laissez-la dormir
Laissez les grands chênes autour de son lit
Ne chassez pas de sa chambre cette humble pâquerette à demi effacée
Laissez laissez-la dormir.

PAROLES DES ROCHERS

La reine de l'azur et le fou du vide passent dans un cab
A chaque fenêtre s'accoudent les chevelures
Et les chevelures disent : "A bientôt !"
"A bientôt !" disent les méduses
"A bientôt !" disent les soies
Disent les nacres disent les perles disent les diamants
A bientôt une nuit des nuits sans lune et sans étoile
Une nuit de tous les littorals et de toutes les forêts
Une nuit de tout amour et de toute éternité
Une vitre se fend à la fenêtre guettée
Une étoffe claque sur la campagne tragique
Tu seras seul
Parmi les débris de nacre et les diamants carbonisés
Les perles mortes
Seul parmi les soies qui auront été des robes vidées à ton
approche
Parmi les sillages de méduses enfuies quand ton regard s'est levé
Seules peut-être les chevelures ne fuiront pas
T'obéiront
Fléchiront dans tes doigts comme d'irrévocables condamnations
Chevelures courtes des filles qui m'aimèrent
Chevelures longues des femmes qui m'aimèrent
Et que je n'aimai pas
Restez longtemps aux fenêtres chevelures !
Une nuit de toutes les nuits du littoral
Une nuit de lustre et de funérailles
Un escalier se déroule sous mes pas et la nuit et le jour ne
révèlent à mon destin que ténèbres et échecs
L'immense colonne de marbre le doute soutient seule le ciel sur
ma tête
Les bouteilles vides dont j'écrase le verre en tessons éclatants
Le parfum du liège abandonné par la mer

Les filets des bateaux imaginés par les petites filles
Les débris de la nacre qui se pulvérise lentement
Un soir de tous les soirs d'amour et d'éternité
L'infini profond douleur désir poésie amour révélation miracle
révolution amour l'infini profond m'enveloppe de ténèbres
bavardes
Les infinis éternels se brisent en tessons ô chevelures !
C'était ce sera une nuit des nuits sans lune ni perle
Sans même de bouteilles brisées.

FORTUNES

HOMMES

Hommes de sale caractère
Hommes de mes deux mains
Hommes du petit matin

La machine tourne aux ordres de Deibler
Et rouages après rouages dans le parfum des percolateurs qui suinte des portes des bars et le parfum des croissants chauds
L'homme qui tâte ses chaussettes durcies par la sueur de la veille et qui les remet
Et sa chemise durcie par la sueur de la veille
Et qui la remet
Et qui se dit le matin qu'il se débarbouillera le soir
Et le soir qu'il se débarbouillera le matin
Parce qu'il est trop fatigué...
Et celui dont les paupières sont collées au réveil
Et celui qui souhaite une fièvre typhoïde
Pour enfin se reposer dans un beau lit blanc...
Et le passager émigrant qui mange des clous
Tandis qu'on jette à la mer sous son nez
Les appétissants reliefs de la table des premières classes
Et celui qui dort dans les gares du métro et que le chef de gare chasse jusqu'à la station suivante...

Hommes de sale caractère
Hommes de mes deux mains
Hommes du petit matin.

LES QUATRE SANS COU

Ils étaient quatre qui n'avaient plus de tête,
Quatre à qui l'on avait coupé le cou,
On les appelait les quatre sans cou.

Quand ils buvaient un verre,
Au café de la place ou du boulevard,
Les garçons n'oubliaient pas d'apporter des entonnoirs.

Quand ils mangeaient, c'était sanglant,
Et tous quatre chantant et sanglotant,
Quand ils aimaient, c'était du sang.

Quand ils couraient, c'était du vent.
Quand ils pleuraient, c'était vivant,
Quand ils dormaient, c'était sans regret.

Quand ils travaillaient, c'était méchant,
Quand ils rôdaient, c'était effrayant,
Quand ils jouaient, c'était différent,

Quand ils jouaient, c'était comme tout le monde,
Comme vous et moi, vous et nous et tous les autres,
Quand ils jouaient, c'était étonnant.

Mais quand ils parlaient, c'était d'amour.
Ils auraient pour un baiser
Donné ce qui leur restait de sang.

Leurs mains avaient des lignes sans nombre
Qui se perdaient parmi les ombres
Comme des rails dans la forêt.

Quand ils s'asseyaient, c'était plus majestueux que des rois
Et les idoles se cachaient derrière leurs croix
Quand devant elles ils passaient droits.

On leur avait rapporté leur tête
Plus de vingt fois, plus de cent fois,
Les ayant retrouvés à la chasse ou dans les fêtes,

Mais jamais ils ne voulurent reprendre
Ces têtes où brillaient leurs yeux,
Où les souvenirs dormaient dans leur cervelle.

Cela ne faisait peut-être pas l'affaire
Des chapeliers et des dentistes.
La gaieté des uns rend les autres tristes.

Les quatre sans cou vivent encore, c'est certain.
J'en connais au moins un
Et peut-être aussi les trois autres.

Le premier, c'est Anatole,
Le second, c'est Croquignole,
Le troisième, c'est Barbemolle,
Le quatrième, c'est encore Anatole.

Je les vois de moins en moins,
Car c'est déprimant, à la fin,
La fréquentation des gens trop malins.

FÊTE-DIABLE

La dernière goutte de vin s'allume au fond du verre où vient
d'apparaître un château.
Les arbres noueux du bord de la route s'inclinent vers le
voyageur.
Il vient du village proche,
Il vient de la ville lointaine,
Il ne fait que passer au pied des clochers.
Il aperçoit à la fenêtre une étoile rouge qui bouge,
Qui descend, qui se promène en vacillant
Sur la route blanche, dans la campagne noire.
Elle se dirige vers le voyageur qui la regarde venir.
Un instant elle brille dans chacun de ses yeux,
Elle se fixe sur son front.
Étonné de cette lueur glaciale qui l'illumine,
Il essuie son front.
Une goutte de vin perle à son doigt.
Maintenant l'homme s'éloigne et s'amoindrit dans la nuit.
Il est passé près de cette source où vous venez au matin cueillir le
cresson frais,
Il est passé près de la maison abandonnée.
C'est l'homme à la goutte de vin sur le front.
Il danse à l'heure actuelle dans une salle immense,
Une salle brillamment éclairée,
Resplendissante de son parquet ciré
Profond comme un miroir.
Il est seul avec sa danseuse
Dans cette salle immense, et il danse
Au son d'un orchestre de verre pilé.
Et les créatures de la nuit
Contemplent ce couple solitaire et qui danse
Et la plus belle d'entre les créatures de la nuit
Essuie machinalement une goutte de vin à son front,

La remet dans un verre,
Et le dormeur s'éveille,
Voit la goutte briller de cent mille rubis dans le verre
Qui était vide lorsqu'il s'endormit.
La contemple.
L'univers oscille durant une seconde de silence
Et le sommeil reprend ses droits,
Et l'univers reprend son cours
Par les milliers de routes blanches tracées par le monde
A travers les campagnes ténébreuses.

LE BŒUF ET LA ROSE

De connivence avec le salpêtre et les montagnes, le bœuf noir à l'œil clos par une rose entreprend la conquête de la vallée, de la forêt et de la lande.
Là où les fleurs de pissenlit s'étoilent gauchement dans le firmament vert d'une herbe rare,
Là où resplendissent les bouses grasses et éclatantes, les soleils de mauvaise grâce et les genêts précieux,
Là où les blés sont mûrs, là où l'argile taillée en branches et fendillée offre des ravines aux ébats des scarabées,
Là où le scorpion jaune aime et meurt de son amour et s'allonge tout raide,
Là où le sable en poudre d'or aveugle le chemineau.
D'un pas lourd, balançant sa tête géante sur une encolure fourrée, et de sa queue battant à intervalles égaux sa croupe charnue,
Le bœuf noir comme l'encre surgit, passe et disparaît.
Il écrase et paraphe de sa tache le paysage éclatant
Et ses cornes attendent qu'il choisisse la bonne orientation
Pour porter un soleil à sa mort dans leur orbite ouverte sur le vide,
Mettant plus d'un reflet sur ses poils luisants et projetant, tache issue d'une tache,
Son ombre fabuleuse sur la terre avide d'une pluie prochaine
Et du vol incertain des papillons,
Ou peut-être une rose éclatante issue de la seule atmosphère et grandissant entre les branches de leur croissant comme un fantôme de fleur.

COMME

Come, dit l'Anglais à l'Anglais, et l'Anglais vient.
Côme, dit le chef de gare, et le voyageur qui vient dans cette ville descend du train sa valise à la main.
Come, dit l'autre, et il mange.
Comme, je dis comme et tout se métamorphose, le marbre en eau, le ciel en orange, le vin en plaine, le fil en six, le cœur en peine, la peur en seine.
Mais si l'Anglais dit as, c'est à son tour de voir le monde changer de forme à sa convenance.
Et moi je ne vois plus qu'un signe unique sur une carte
L'as de cœur si c'est en février,
L'as de carreau et l'as de trèfle, misère en Flandre,
L'as de pique aux mains des aventuriers.
Et si cela me plaît à moi de vous dire machin,
Pot à eau, mousseline et potiron.
Que l'Anglais dise machin,
Que machin dise le chef de gare,
Machin dise l'autre,
Et moi aussi.
Machin.
Et même machin chose.
Il est vrai que vous vous en foutez
Que vous ne comprenez pas la raison de ce poème.
Moi non plus d'ailleurs.
Poème, je vous demande un peu ?
Poème ? je vous demande un peu de confiture,
Encore un peu de gigot,
Encore un petit verre de vin
Pour nous mettre en train...
Poème, je ne vous demande pas l'heure qu'il est.

Poème, je ne vous demande pas si votre beau-père est poilu
comme un sapeur.
Poème, je vous demande un peu... ?

Poème, je ne vous demande pas l'aumône,
Je vous la fais.
Poème, je ne vous demande pas l'heure qu'il est,
Je vous la donne.
Poème, je ne vous demande pas si vous allez bien,
Cela se devine.
Poème, poème, je vous demande un peu...
Je vous demande un peu d'or pour être heureux avec celle que
j'aime.

CAMARADES

Papier, plie-toi, sois la rose et l'arc-en-ciel,
Sois la soie, sois là ce soir,
Sois lasse.
Une faux oubliée au flanc d'un cadavre ouvre lentement les yeux,
Se dandine un instant, secoue ses falbalas d'un autre âge et se mire au miroir de son corps,
S'indigne, s'encolère, se monte le bourrichon, se déchaîne.
Le mort lui donne une pomme de terre, une petite pomme de terre,
Fauche la pomme de terre,
Fauche la rose et l'arc-en-ciel et la soie et le soir,
Puis reprend sa place au flanc du cadavre.
Déroulant un écheveau sali par les temps et la poussière et l'eau qui suinte des vieilles murailles,
Le ciel se dissimule derrière les forêts où maintes femmes se devinent et se révèlent et se questionnent,
Dans l'ombre grasse des troncs d'arbres.
Personne ne sortira de la petite maison bariolée au haut de la colline,
En dépit d'une foule surgissant au détour de la route, drapeaux rouges claquant au vent,
En dépit même de l'appel : Camarade, Camarade, Camarade, CAMARADES !
Voici ce qu'était le paysage avant le fameux événement :
Quelques mouches volaient en bourdonnant au-dessus d'une plaie d'où l'acier coulait mieux que le sang.
Le son d'un marteau part de loin,
Il part, il vole avec son petit chapeau de paille.
Quant à la faux, les senteurs du vent lui mirent une chemise bleue et encore une chemise jaune.
Les senteurs de la rivière lui mirent une tunique de corail et une tunique d'acier.

Les senteurs des feuilles lui mirent une tunique
de salpêtre et de phosphore,
Et les senteurs de la dernière heure, une crinoline
de satin avec des fleurs.
Elle attendit en jouant avec son ombrelle
Que le son du marteau arrivât de loin.
Arriva en inclinant son chapeau vers elle,
Un bouquet à la main, le sourire en coin.
Ils mangèrent du poulet, burent du pommard,
Ils mangèrent des grives, burent du champagne,
Ils mangèrent des huîtres et du homard,
Et jouèrent aux dames à qui perd gagne.

Ils se battirent comme des chiffonniers
Jusqu'au moment où, satisfait de leurs blessures,
Le ciel rassuré sortit hors des halliers.
Est-ce votre sort d'être dupe des ombres ?
Vaut-il pas mieux être dupé par la chair ?
Perdre son sang par des blessures sans nombre
Et n'offrir à la mort qu'un triste festin et qu'une maigre chère ?

AUX SANS COU

Maisons sans fenêtres, sans portes, aux toits défoncés,
Portes sans serrures,
Guillotine sans couperet...
C'est à vous que je parle qui n'avez plus d'oreilles,
Plus de bouche, de nez, d'yeux, de cheveux, de cervelle,
Plus de cou.
Vous surgissez d'un pas ferme au détour de la rue qui mène à la taverne.
Vous vous attablez, vous buvez, vous buvez sec, vous buvez bien,
Et bientôt le vin circule dans vos cœurs, y amène une nouvelle vie :
"Qu'as-tu fait de ta perruque ?" dit un sans cou à un autre sans cou,
Qui se détourne sans mot dire
Et qu'on expulse, et qu'on sort et qu'on traîne et qu'on foule aux pieds. "Et toi, qu'as-tu ?"
"Je suis celui contre lequel se dressent toutes les lois.
Celui que les partis extrêmes appellent encore un criminel.
Je suis de droit commun,
Je suis de droit commun, banal comme le four où l'on cuisait le pain de nos pères.
Je suis le rebelle de toute civilisation,
L'abject assassin, le vil suborneur de fillettes, le satyre,
Le méprisable voleur,
Je suis le traître et je suis le lâche,
Mais il faut peut-être plus de courage
Pour éteindre en soi la moralité des fables idiotes
Que pour tenir tête à l'opinion.
(Ce qui n'est déjà pas si mal comme courage).
Je suis l'insoumis à toutes règles,
L'ennemi de tous les législateurs,
Anarchiste ? pas même.
Je suis celui sur lequel pèse l'essieu de n'importe quel code,
L'homme aux sens surhumains.

J'annonce le Moïse de demain
Et demain ce Moïse exterminera ceux qui me ressemblent,
Le dupe éternelle,
Le sans cou,
Et versez-moi du vin, et choquons notre verre."

Maintenant qu'il a fini de parler,
Je reprends la parole :
"Vous avez le bonjour,
Le bonjour de Robert Desnos, de Robert le Diable, de Robert Macaire, de Robert Houdin, de Robert Robert, de Robert mon oncle,
Et chantez avec moi, tous en chœur, allons, la petite dame à droite,
Le monsieur barbu à gauche,
Un, deux, trois :
Vous avez le bonjour,
Le bonjour de Robert Desnos, de Robert le Diable, de Robert Macaire, de Robert Houdin, de Robert Robert, de Robert mon oncle"...
J'en passe et des meilleurs.
Mes sans cou, mes chers sans cou,
Hommes nés trop tôt, éternellement trop tôt,
Hommes qui auriez trempé dans les révolutions de demain
Si le destin ne vous imposait de faire les révolutions pour en mourir,
Hommes assoiffés de trop de justice,
Hommes de la fosse commune au pied du mur des fédérés,
Malgré les balles pointillées autour du cou.
Hommes des enclos ménagés en plein cimetière,
Car on ne mélange pas les étendards avec les torchons.
On cloue ceux-ci aux hampes,
Et c'est eux qui, humiliés,
Claquent si lamentablement dans le vent de l'aube
A l'heure où le couperet en tombant
Fait résonner les échos des Santés éternelles.

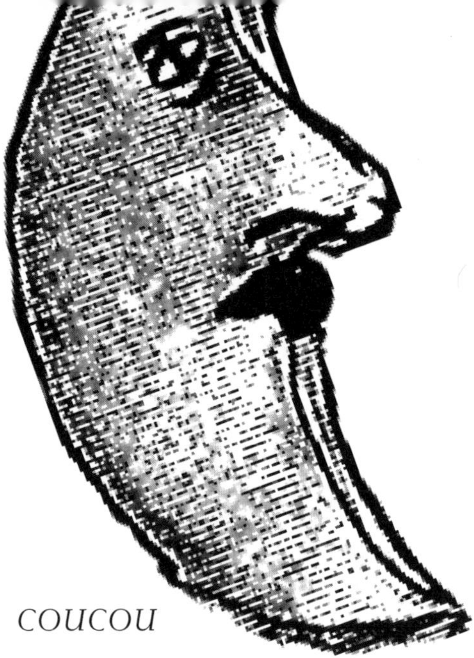

COUCOU

Tout était comme dans une image enfantine.
La lune avait un chapeau claque dont les huit reflets se
répercutaient à la surface des étangs,
Un revenant dans un linceul de la meilleure coupe
Fumait un cigare à la fenêtre de son logis,
Au dernier étage d'un donjon
Où la très savante corneille disait la bonne aventure aux chats.
Il y avait l'enfant en chemise perdue dans des sentiers de neige
Pour avoir cherché dans ses souliers l'éventail de soie et les
chaussures à hauts talons.
Il y avait l'incendie sur lequel, immenses,
Se détachaient les ombres des pompiers,
Mais, surtout, il y avait le voleur courant, un grand sac sur le dos,
Sur la route blanchie par la lune,
Escorté par les abois des chiens dans les villages endormis
Et le caquet des poules éveillées en sursaut.
Je ne suis pas riche, dit le fantôme en secouant la cendre de son
cigare, je ne suis pas riche

Mais je parie cent francs
Qu'il ira loin s'il continue.
Vanité tout n'est que vanité, répondit la corneille.
Et ta sœur ? demandèrent les chats.
Ma sœur a de beaux bijoux et de belles araignées
Dans son château de nuit.
Une foule innombrable de serviteurs
Viennent chaque soir la porter dans son lit.
Au réveil, elle a du nanan, du chiendent, et une petite trompette
Pour souffler dedans.
La lune posa son chapeau haut de forme sur la terre.
Et cela fit une nuit épaisse
Où le revenant fondit comme un morceau de sucre dans du café.
Le voleur chercha longtemps son chemin perdu
Et finit par s'endormir
Et il ne resta plus au-delà de la terre
Qu'un ciel bleu fumée où la lune s'épongeait le front
Et l'enfant perdue qui marchait dans les étoiles.
Voici ton bel éventail
Et tes souliers de bal,
Le corset de ta grand-mère
Et du rouge pour tes lèvres.
Tu peux danser parmi les étoiles
Tu peux danser devant les belles dames
A travers les massifs de roses célestes
Dont l'une tombe chaque nuit
Pour récompenser le dormeur qui a fait le plus beau rêve.
Chausse tes souliers et lace ton corset
Mets une de ces roses à ton corsage
Et du rose à tes lèvres
Et maintenant balance ton éventail
Pour qu'il y ait encore sur la terre
Des nuits après les jours
Des jours après les nuits.

BAIGNADE

Où allez-vous avec vos tas de carottes ?
Où allez-vous, nom de Dieu ?
Avec vos têtes de veaux
Et vos cœurs à l'oseille ?
Où allez-vous ? Où allez-vous ?

Nous allons pisser dans les trèfles
Et cracher dans les sainfoins.

Où allez-vous avec vos têtes de veaux ?
Où allez-vous avec embarras ?
Le soleil est un peu liquide
Un peu liquide cette nuit.
Où allez-vous, têtes à l'oseille ?

Nous allons pisser dans les trèfles
Et cracher dans les sainfoins.

Où allez-vous ? Où allez-vous
A travers la boue et la nuit ?
Nous allons cracher dans les trèfles
Et pisser dans les sainfoins.

Avec nos airs d'andouilles
Avec nos becs-de-lièvre
Nous allons pisser dans les trèfles.

Arrêtez-vous. Je vous rejoins.
Je vous rattrape ventre à terre
Andouilles vous-mêmes et mes copains
Je vais pisser dans les trèfles
Et cracher dans les sainfoins.

Et pourquoi ne venez-vous pas ?
Je ne vais pas bien, je vais mieux.
Cœurs d'andouilles et couilles de lions !
Je vais pisser, pisser avec vous
Dans les trèfles
Et cracher dans les sainfoins.
Baisers d'après minuit vous sentez la rouille
Vous sentez le fer, vous sentez l'homme
Vous sentez ! Vous sentez la femme.
Vous sentez encore mainte autre chose :
Le porte-plume mâché à quatre ans
Quand on apprend à écrire,
Les cahiers neufs, les livres d'étrennes
Tout dorés et peints d'un rouge
Qui poisse et saigne au bout des doigts.
Baisers d'après minuit,
Baignades dans les ruisseaux froids
Comme un fil de rasoir.

1

Écoutez... Faites silence
La triste énumération
De tous les forfaits sans nom,
Des tortures, des violences
Toujours impunis, hélas !
Du criminel Fantômas.

2

Lady Beltham, sa maîtresse,
Le vit tuer son mari
Car il les avait surpris
Au milieu de leurs caresses.
Il coula le paquebot
Lancaster au fond des flots.

3

Cent personnes il assassine
Mais Juve aidé de Fandor
Va lui faire subir son sort
Enfin sur la guillotine...
Mais un acteur très bien grimé,
A sa place est exécuté.

4

Un phare dans la tempête
Croule, et les pauvres bateaux
Font naufrage au fond de l'eau
Mais surgissent quatre têtes :
Lady Beltham aux yeux d'or,
Fantômas, Juve et Fandor.

5

Le monstre avait une fille
Aussi jolie qu'une fleur.
La douce Hélène au grand cœur
Ne tenait pas de sa famille,
Car elle sauva Fandor
Qu'était condamné à mort.

6

En consigne d'une gare
Un colis ensanglanté !
Un escroc est arrêté !
Qu'est devenu le cadavre ?
Le cadavre est bien vivant
C'est Fantômas, mes enfants !

7

Prisonnier dans une cloche
Sonnant un enterrement
Ainsi mourut son lieutenant.
Le sang de sa pauv' caboche
Avec saphirs et diamants
Pleuvait sur les assistants.

8

Un beau jour des fontaines
Soudain chantèr'nt à Paris.
Le monde était surpris,
Ignorant que ces sirènes
De la Concorde enfermaient
Un roi captif qui pleurait.

9

Certain secret d'importance
Allait être dit au tzar.
Fantômas, lui, le reçut car
Ayant pris sa ressemblance
Il remplaçait l'empereur
Quand Juv' l'arrêta sans peur.

10

Il fit tuer par la Toulouche,
Vieillarde aux yeux dégoûtants
Un Anglais à grands coups de dents
Et le sang remplit sa bouche.
Puis il cacha un trésor
Dans les entrailles du mort.

11

Cette grande catastrophe
De l'autobus qui rentra
Dans la banque qu'on pilla
Dont on éventra les coffres...
Vous vous souvenez de ça...
Ce fut lui qui l'agença.

12

La peste en épidémie
Ravage un grand paquebot
Tout seul au milieu des flots.
Quel spectacle de folie !
Agonies et morts hélas !
Qui a fait ça ? Fantômas.

13

Il tua un cocher de fiacre.
Au siège il le ficela
Et roulant cahin-caha,
Malgré les clients qui sacrent,
Il ne s'arrêtait jamais
L'fiacre qu'un mort conduisait.

14

Méfiez-vous des roses noires,
Il en sort une langueur
Épuisante et l'on en meurt.
C'est une bien sombre histoire
Encore un triste forfait
De Fantômas en effet !

15

Il assassina la mère
De l'héroïque Fandor.
Quelle injustice du sort
Douleur poignante et amère...
Il n'avait donc pas de cœur,
Cet infâme malfaiteur.

16

Du Dôme des Invalides
On volait l'or chaque nuit.
Qui c'était ? Mais c'était lui,
L'auteur de ce plan cupide.
User aussi mal son temps
Quand on est intelligent !

17

A la Reine de Hollande
Même, il osa s'attaquer.
Juve le fit prisonnier
Ainsi que toute sa bande.
Mais il échappa pourtant
A un juste châtiment.

18

Pour effacer sa trace
Il se fit tailler des gants
Dans la peau d'un trophée sanglant,
Dans d'la peau de mains d'cadavre
Et c'était ce mort qu'accusaient
Les empreintes qu'on trouvait.

19

A Valmondois un fantôme
Sur la rivière marchait.
En vain Juve le cherchait.
Effrayant vieillards et mômes,
C'était Fantômas qui fuyait
Après l'coup qu'il avait fait.

20

La police d'Angleterre
Par lui fut mystifiée.
Mais, à la fin, arrêté,
Fut pendu et mis en terre.
Devinez ce qui arriva :
Le bandit en réchappa.

FANTÔMAS

21

Dans la nuit, sinistre et sombre
A travers la Tour Eiffel,
Juv' poursuit le criminel.
En vain guette-t-il son ombre.
Faisant un suprême effort
Fantômas échappe encor.

22

D'vant le casino d' Monte-Carlo
Un cuirassé évoluait.
Son commandant qui perdait
Voulait bombarder la rade.
Fantômas, c'est évident
Était donc ce commandant.

23

Dans la mer un bateau sombre
Avec Fantômas à bord,
Hélène, Juve et Fandor
Et des passagers sans nombre.
On ne sait s'ils sont tous morts,
Nul n'a retrouvé leurs corps.

24

Ceux de sa bande, Beaumôme,
Bec de gaz et le Bedeau,
Le rempart du Montparno,
Ont fait trembler, Paris, Rome
Et Londres par leurs exploits.
Se sont-ils soumis aux lois ?

25

Pour ceux du peuple et du monde,
J'ai écrit cette chanson
Sur Fantômas, dont le nom
Fait tout trembler à la ronde.
Maintenant vivez longtemps
Je le souhaite en partant.

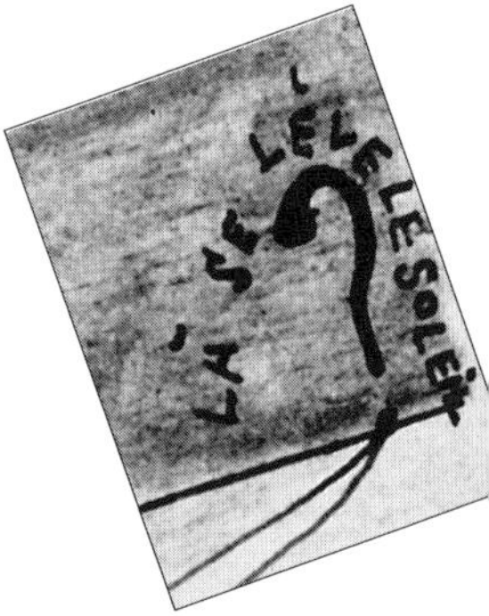

FINAL

Allongeant son ombre immense
Sur le monde et sur Paris,
Quel est ce spectre aux yeux gris
Qui surgit dans le silence ?
Fantômas, serait-ce toi
Qui te dresses sur les toits ?

AU BOUT DU MONDE

Ça gueule dans la rue noire au bout de laquelle l'eau du fleuve frémit contre les berges.
Ce mégot jeté d'une fenêtre fait une étoile.
Ça gueule encore dans la rue noire.
Ah ! vos gueules !
Nuit pesante, nuit irrespirable.
Un cri s'approche de nous, presque à nous toucher,
Mais il expire juste au moment de nous atteindre.

Quelque part, dans le monde, au pied d'un talus,
Un déserteur parlemente avec des sentinelles qui ne comprennent pas son langage.

IL ÉTAIT UNE FEUILLE

Il était une feuille avec ses lignes
Ligne de vie
Ligne de chance
Ligne de cœur
Il était une branche au bout de la feuille
Ligne fourchue signe de vie
Signe de chance
Signe de cœur
Il était un arbre au bout de la branche
Un arbre digne de vie
Digne de chance
Digne de cœur
Cœur gravé, percé, transpercé,
Un arbre que nul jamais ne vit.
Il était des racines au bout de l'arbre
Racines vignes de vie
Vignes de chance
Vignes de cœur
Au bout des racines il était la terre
La terre tout court
La terre toute ronde
La terre toute seule au travers du ciel
La terre.

QUARTIER SAINT-MERRI

Au coin de la rue de la Verrerie
Et de la rue Saint-Martin
Il y a un marchand de mélasse.

Un jour d'avril, sur le trottoir
Un cardeur de matelas
Glissa, tomba, éventra l'oreiller qu'il portait.

Cela fit voler des plumes
Plus haut que le clocher de Saint-Merri.
Quelques-unes se collèrent aux barils de mélasse.

Je suis repassé un soir par là,
Un soir d'avril,
Un ivrogne dormait dans le ruisseau.

La même fenêtre était éclairée.
Du côté de la rue des Juges-Consuls
Chantaient des gamins.

Là, devant cette porte, je m'arrête.
C'est de là qu'elle partit.
Sa mère échevelée hurlait à la fenêtre.

Treize ans, à peine vêtue,
Des yeux flambant sous des cils noirs,
Les membres grêles.

En vain le père se leva-t-il
Et vint à pas pesants,
Traînant ses savates,

Attester de son malheur
Le ciel pluvieux.
En vain, elle courait à travers les rues.

Elle s'arrêta un instant rue des Lombards
A l'endroit exact où, par la suite,
Passa le joueur de flûte d'Apollinaire.

Du cloître Saint-Merri naissaient des rumeurs.
Le sang coulait dans les ruisseaux,
Prémice du printemps et des futures lunaisons.

L'horloge de la Gerbe d'Or
Répondait aux autres horloges,
Au bruit des attelages roulant vers les Halles.

La fillette à demi nue
Rencontra un pharmacien
Qui baissait sa devanture de fer.

Les lueurs jaune et verte des globes
Brillaient dans ses yeux,
Les moustaches humides pendaient.

– Que fais-tu, la gosse, à cette heure, dans la rue ?
Il est minuit,
Va te coucher.

– Dans mon jeune temps, j'aimais traîner la nuit,
J'aimais rêver sur des livres, la nuit.
Où sont les nuits de mon jeune temps ?

– Le travail et l'effort de vivre
M'ont rendu le sommeil délicieux.
C'est d'un autre amour que j'aime la nuit.

Un peu plus loin, au long d'un pont
Un régiment passait
Pesamment.

Mais la petite fille écoutait le pharmacien.
Liabeuf ou son fantôme maudissait les menteurs
Du côté de la rue Aubry-le-Boucher.

– Va te coucher petite,
Les horloges sonnent minuit,
Ce n'est ni l'heure ni l'âge de courir les rues.

L'eau clapotait contre un ponton
Trois vieillards parlaient sous le pont
L'un disait oui et l'autre non.

– Oui le temps est court, non le temps est long.
– Le temps n'existe pas, dit le troisième.
Alors parut la petite fille.

En sifflotant le pharmacien
S'éloignait dans la rue Saint-Martin
Et son ombre grandissait.

– Bonjour petite, dit l'un des vieux
– Bonsoir, dirent les deux autres
– Vous sentez mauvais, dit la petite.

Le régiment s'éloignait dans la rue Saint-Jacques,
Une femme criait sur le quai,
Sur la berge un oiseau blessé sautillait.

– Vous sentez mauvais, dit la petite
– Nous sentirons tous mauvais, dit le premier vieillard
Quand nous serons morts.

– Vous êtes morts déjà, dit la petite
Puisque vous sentez mauvais !
Moi seule ne mourrai jamais.

On entendit un bruit de vitre brisée.
Presque aussitôt retentit
La trompe grave des pompiers.

Des lueurs se reflétaient dans la Seine.
On entendit courir des hommes,
Puis ce fut le bruit de la foule.

Les pompes rythmaient la nuit,
Des rires se mêlaient aux cris,
Un manège de chevaux de bois se mit à fonctionner.

Chevaux de bois ou cochons dorés
Oubliés sur le parvis
Depuis la dernière fête.

Charlemagne rougeoyait,
Impassibles les heures sonnaient,
Un malade agonisait à l'Hôtel-Dieu.

L'ombre du pharmacien
Qui s'éloignait vers Saint-Martin-des-Champs
Épaississait la nuit.

Les soldats chantaient déjà sur la route :
Des paysans pour les voir
Collaient aux fenêtres leurs faces grises.

La petite fille remontait l'escalier
Qui mène de la berge au quai.
Une péniche fantôme passait sous le pont.

Les trois vieillards se préparaient à dormir
Dans les courants d'air au bruit de l'eau.
L'incendie éventrait ses dernières barriques.

Les poissons morts au fil de l'eau,
Flèches dans la cible des ponts,
Passaient avec des reflets.

Tintamarre de voitures
Chants d'oiseaux
Son de cloche

– Ho ! petite fille
Ta robe tombe en lambeaux
On voit ta peau.

– Où vas-tu petite fille ?
– C'est encore toi le pharmacien
Avec tes yeux ! ronds comme des billes !

Détraqué comme une vieille montre,
Là-bas, sur le parvis Notre-Dame
Le manège hennissait sa musique.

Des chevaux raides se cabraient aux carrefours.
Hideusement nus,
Les trois vieillards s'avançaient dans la rue.

Au coin des rues Saint-Martin et de la Verrerie
Une plume flottait à ras du trottoir
Avec de vieux papiers chassés par le vent.

Un chant d'oiseau s'éleva square des Innocents.
Un autre retentit à la Tour Saint-Jacques.
Il y eut un long cri rue Saint-Bon

Et l'étrange nuit s'effilocha sur Paris.

LES SOURCES DE LA NUIT

Les sources de la nuit sont baignées de lumière.
C'est un fleuve où constamment
boivent des chevaux et des juments de pierre
en hennissant.

Tant de siècles de dur labeur
aboutiront-ils enfin à la fatigue qui amollit les pierres ?
Tant de larmes, tant de sueur,
justifieront-ils le sommeil sur la digue ?

Sur la digue où vient se briser
le fleuve qui va vers la nuit,
où le rêve abolit la pensée.
C'est une étoile qui nous suit.

A rebrousse-poil ; à rebrousse-chemin,
Étoile, suivez-nous, docile,
et venez manger dans notre main,
Maîtresse enfin de son destin
et de quatre éléments hostiles.

– Où l'ai-je laissée ? dans quelle cave ? dans quel puits ?
A quel carrefour du jour et de la nuit ?
Dans quelle caverne dans quelle cheminée de fumée et de suie ?

– Tu marchais peut-être dans les marais
Au crépuscule ou bien parmi tes effets,
Défroque, uniforme aux galons défaits,
(Quel souvenir de jugement et de dégradation !)
Tu l'accrochas par distraction.

– Mais pourquoi cela le gêne-t-il ?
L'ombre me paraît tellement inutile.
Il n'y a pas de quoi se faire de bile.

– J'essaie de me souvenir
Mais je n'en ai ni la puissance ni peut-être le désir.

– Cherche au fond des rivières
Où tu mirais encore hier
Ton visage qui est ce que tu possèdes de plus cher.

– Quoi ? Ni cœur ni sexe ni diamant
Ni l'ivresse du vin et celle des amants
Ne lui paraissent plus précieux et plus charmants.

– Non, ce qui m'est le plus cher c'est mon ombre.
Qui m'accompagnait sans encombre
Dans les rues bien pavées et les décombres.

– Comme un chien tenu en laisse
Ton ombre pleine de paresse
Était lourde sans qu'il y paraisse.

– Mon ombre était la caverne
Où, comme un œil dans son cerne,
Taureau de feu vendangeur, sanglante hydre de Lerne
Guettaient les rêves taciturnes araignées des citernes

– Eh bien ? Si tu perdis la tienne
Envolée par la fente des persiennes
Sur un chemin de poussières aériennes,
Prends-en une autre sans honte ni gêne.

– Voilà qu'il sort son couteau
Et qu'il coupe comme un gâteau
L'ombre immense d'un château.

– De ton ombre s'envolent des ombres
Et ton corps lui-même sombre
Ombre parmi les ombres, nombre parmi les nombres.

– Je traîne après moi maintes forteresses
Maints paysages de détresses
Et le regret de ma jeunesse.

– Il abomine le soleil et la lune
Et il recherche sa fortune
Dans l'eau putride des lagunes.

– Voilà qu'il jette aux orties
Lundi mardi mercredi jeudi
Vendredi samedi.

– Aujourd'hui c'est Dimanche
C'est le soleil perçant les branches
C'est le muguet c'est la pervenche.

C'est l'oubli des vieux chagrins
Au chapelet le dernier grain
C'est le cheval sans mors ni frein.

Ainsi que sur une image
Mon corps se dresse sur les nuages
Sans ombre et sans âge.

Le vieux tombeau de nos ancêtres
La flamme aux lueurs de salpêtre
Autour de mes membres s'enchevêtre.

Le vieux tombeau de mes pères
Le vieux tombeau c'est la terre
C'est la mer et c'est l'air.

– Ton ombre tombe en ruine
Et tout ton corps se déracine
A l'envers et tombe dans les mines.

– Qu'il disparaisse à jamais
Celui que nulle ombre ne suivait,
Celui qui fut l'homme imparfait.

Car il faut à l'homme son ombre
Au comptable il faut le nombre
Au château les décombres.

– Je renais, baigné de lumière,
Je renais vivant sur la terre
Plus féconde et plus prospère.

Mon ombre n'appartient pas au soleil
Et la nuit pendant mon sommeil
Mon ombre est là sur moi qui veille.

Lasse de suivre les contours
De mon corps pendant le jour
Et de traîner sur terre toujours

Mon ombre enfin sort des limites
Mon ombre enfin sort de son gîte
Et va où son désir l'invite.

Mon ombre se confond avec la nuit
Avec le charbon et la suie
Et fume parce que je vis

Mon ombre envahit la moitié du monde
Et flotte avec les vents et les ondes
Avec les fleuves et la mer qui gronde.

– Son ombre est-elle douée de parole ?
Elle l'injurie et le console
Et joue pour lui les plus beaux rôles.

– Ton ombre elle est galonnée
Mais elle a mis un faux nez
Et chante un refrain suranné.

– A la croisée des chemins
Ton ombre t'a fait de la main
Un adieu jusqu'à demain.

– Jusqu'à toujours elle est partie
Pour fonder parmi les orties
Dans tes rêves une dynastie.

– Il la retrouvera quand l'heure
Sonnera où sans couleur
Le corps qui meurt perd sa chaleur.

– Mon ombre elle est là dans ma tête
Bien enfoncée dans sa cachette
Mon ombre est sourde aveugle et muette.

– Je suis ton ombre du matin
Celle du jour à son déclin
Et de midi sur les jardins.

– Elle est aussi l'ombre de nuit
C'est elle qui tourne et le suit
Quand le réverbère s'allume et luit.

– Je suis environné d'ombres
Car il est l'ombre de son ombre
Un nombre parmi les nombres.

– Le sang circule dans mes veines,
Je m'incarne et, pleins d'oxygène,
Mes poumons respirent sans peine.

Je m'en vais parmi les vivants
Je marche vers la lumière
Et mon ombre n'est pas derrière :
Comme il se doit elle est devant.

– J'entendais jadis une voix
Elle se tait et dans les bois
L'écho lui-même se tient coi.

– Tu te dissous et moi aussi
Et notre mort sans autopsie
Ne laissera pas trace ici.

– J'entends l'orchestre de la fête
Les chants et les cris du travail.
Aucun obstacle ne m'arrête
Libre et vivant dans ma conquête

Car les muses sont illusoires
Dont le cœur reste silencieux.
Ce n'est pas dans les ciboires
Que le vin se boit le mieux.

La vie est au cœur de la vie,
Le sang qui chante sous la chair
Dessine la géographie
Du corps, du monde et du mystère,

Rapport de l'astre et de la terre,
Rassurant témoignage, aimable compagnon,
Ombre flexible et jamais solitaire
C'est dans tes plis que nous dormirons.

DESTINÉE *ARBITRAIRE*

LES GORGES FROIDES

A Simone

A la poste d'hier tu télégraphieras
que nous sommes bien morts avec les hirondelles.
Facteur triste facteur un cercueil sous ton bras
va-t'en porter ma lettre aux fleurs à tire d'elle.

La boussole est en os mon cœur tu t'y fieras.
Quelque tibia marque le pôle et les marelles
pour amputés ont un sinistre aspect d'opéras.
Que pour mon épitaphe un dieu taille ses grêles !

C'est ce soir que je meurs, ma chère Tombe-Issoire,
ton regard le plus beau ne fut qu'un accessoire
de la machinerie étrange du bonjour.

Adieu ! Je vous aimai sans scrupule et sans ruse,
ma Folie-Méricourt, ma silencieuse intruse.
Boussole à flèche torse annonce le retour.

UNE VILLE

Dans la ville où l'on pend le diable par les cornes
Dans la ville ouverte et fermée
Dans la ville où l'on tient comptoir pour tous les désirs

Dans la ville sans feu ni lieu
Dans la ville sans foi ni loi
Dans la ville sans fieux

Dans la ville où l'on s'amuse
Dans la ville où l'on pleure à froides larmes
Dans la ville d'onze heures
Je ne sais pas très bien ce qui se passe
Car je n'y suis pas encore allé.

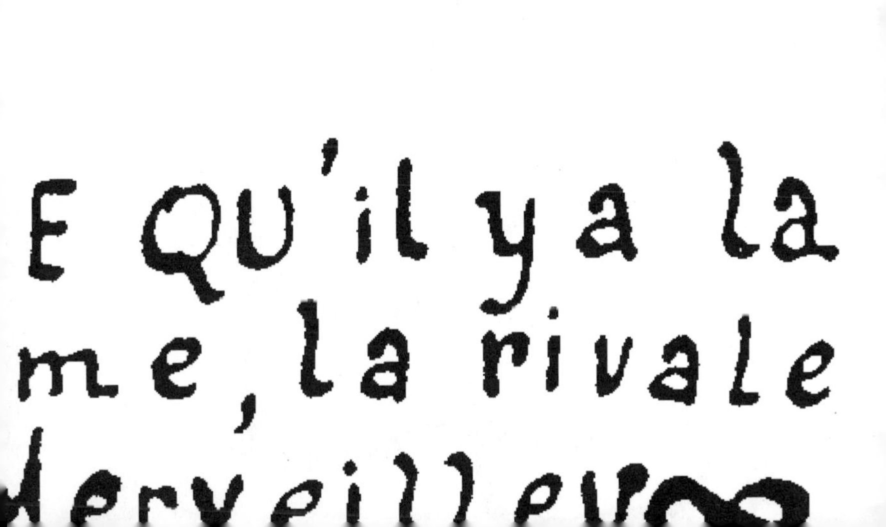

BOUQUET

Trois pensées trois coquelicots trois soucis
Trois soucis trois roses trois œillets
Les trois roses pour mon amie
Les trois œillets pour mon ami
Les trois coquelicots pour la petite fille si triste
Les trois pensées pour mon ami
Les trois soucis pour moi.

FONTAINE

La fontaine brisée m'a dit quelle était sa vie
Toujours mouillée toujours pleurant
Et les terrifiantes histoires que raconte l'eau
Quand elle sort de terre
Les poissons monstrueux qu'elle a portés
Et patati et patata
Ce n'est pas une vie rose
Que la vie d'une fontaine brisée.

CHANTEPLEURE

Chantecaille fleur des rues
Chantepie fleur des bois
Chanteloup fleur des eaux
Chantamour fleur des nuits
Chantemort fleur des pois
Pleurivresse fruit de l'aube
Pleurétreinte fruit des yeux
Pleuraccueil fruit des mains
Pleurémoi fruit des lèvres
Pleurez-moi fruit du temps.

LA PETITE GERTRUDE

Aujourd'hui n'est pas mi-carême
Ni mardi gras
Pourtant la petite Gertrude met des bas bleus.

Elle met des bas bleus sur ses jambes
Sont-elles jolies ?
La soie est-elle assez fine ?

Elle met des bas bleus aujourd'hui
Elle n'en mettra pas demain
Car elle n'en a qu'une paire de cette couleur

Et nous devons penser, lui faire l'honneur de croire
Qu'une femme comme elle change de bas
Comme de chemise.

NUITS

Femmes de grand air
Femmes de plein vent
Est-ce que la nuit est douce pour vous

Femmes de plein vent
Rôdeuses rencontrées à l'aube
Est-ce que la nuit ne vous déchire pas

Femmes de grand air
Laboureuses perdues dans les plaines
Est-ce que la nuit est une moisson pour vous

Femmes de plein vent
Marchandes de poissons aux mains crevassées
Est-ce que la nuit coule vite pour vous

Femmes réveillées au petit jour
Femmes traînant au travail des pieds meurtris
Est-ce que la nuit est sans écho pour vous

La nuit est-elle douce ?
La nuit vous déchire-t-elle ?
Moissonnez-vous la nuit ?
La nuit coule-t-elle vite pour vous ?

Femmes de grand air
Femmes de plein vent
Femmes de la nuit de l'aube et du jour
Rôdeuses laboureuses poissonnières
Aimez-vous le plein air
Aimez-vous le grand vent ?

PAS VU ÇA

Pas vu la comète
Pas vu la belle étoile
Pas vu tout ça

Pas vu la mer en flacon
Pas vu la montagne à l'envers
Pas vu tant que ça

Mais vu deux beaux yeux
Vu une belle bouche éclatante
Vu bien mieux que ça

UN CONTE

Le petit poucet perd une multitude de clefs dans le sentier
ténébreux de la forêt
Voilà pourquoi tant de portes se ferment
Pourquoi votre porte est fermée

Frappe à la porte à la fenêtre
Une lueur se promène de la cave au grenier
On entend le souffle de votre sommeil

Êtes-vous prisonnière dans votre maison ?
Les ténèbres de la forêt ne vous appellent-elles pas ?
La clef des champs est perdue
alors forcez la serrure

Réveillez-vous
Ne respirez plus si tranquillement
Mais surtout
surtout éteignez cette lumière
qui se promène quand vous dormez
qui se promène de la cave au grenier

LE LOUP

Le loup n'a plus les dents longues
au temps des aubépines
Les yeux lueurs de brasier
Éclatantes étoiles
Figures de lac et de torrent
Neige forêt
Et sur tout cela comme dans les images
La zébrure d'un ruisseau de sang
Un traîneau fuyant au loin vers les forêts
La voix d'une petite fille
Loup y es-tu n'y es-tu pas
au temps des aubépines
au temps des pommes de pin.

L'OISEAU MÉCANIQUE

L'oiseau tête brûlée
Qui chantait la nuit
Qui réveillait l'enfant
Qui perdait ses plumes dans l'encrier

L'oiseau pattes de 7 lieues
Qui cassait les assiettes
Qui dévastait les chapeaux
Qui revenait de Suresnes

L'oiseau l'oiseau mécanique
A perdu sa clef
Sa clef des champs
Sa clef de voûte

Voilà pourquoi il ne chante plus

LE BEAU JARDIN

au milieu du jardin se dresse la volière
où des toucans criards raillent les perroquets
et dans la tour en ruine accablée sous le lierre
Les yeux ronds d'un hibou allument des quinquets

Quand il fait jour dans les allées un éléphant
Mécanique s'agite avec des pas d'homme ivre
La biche avec audace y précède son faon
Et l'heure sur l'horloge est lente à se survivre

L'arôme du café flotte dans la cuisine
où le feu ronfle et chante au ventre du fourneau
où le couteau planté dans le beurre s'incline
vers l'oignon parfumé et le pain de gruau

C'est une carte postale
qui arrive de très loin
Voyageur boucle ta malle
Et repars sur ton chemin

adieu volière jardin
que l'on parcourut en rêve
Redonnez-moi mon gourdin
Il est l'heure, marche ou crève

Chantant la gloire des blondes
s'en vont les gais chemineaux
Les trains sifflent par le monde
Sur la mer vont les bateaux

Mais vous en verrez bien d'autres
Des villes aux toits d'acier
Des vins qui vaudront le nôtre
Flatteront votre gosier

Mais quel est donc votre nom
Ce nom est celui d'une autre
ne disant ni oui ni non
vous ne saurez pas le nôtre

En arrivant à l'étape
Demandez à l'hôtelier
De vous mettre sur la nappe
Le bon vin de son cellier

Si vous renversez le verre
vous en boirez un second
Et quitte à rouler par terre
vous viderez le flacon

Tandis que le jardin peuplé de beaux oiseaux
Dormira sous la lune et l'ombre des glycines
En mêlant au parfum des fleurs sous les arceaux
L'arôme du café sortant de la cuisine

ROSALIE

La petite Rosalie peigne ses cheveux odorants
Le vent le vent passe à travers les rideaux de tulle
La petite Rosalie n'a ni amie ni amant
Le vent le vent s'attelle à la charrue du houx

La petite Rosalie joue à la marelle
Le vent le vent gonfle la voile des navires
La petite Rosalie n'a pas de chance au jeu
Le vent le vent se met en boule et fait ron-ron

La petite Rosalie passe ainsi tous ses jours
Le vent le vent s'épuise aux tôles des cheminées
La petite Rosalie chantonne une chanson pas bien gaie
Le vent le vent change de nom et de direction

Avant l'hiver c'était l'automne
Avant l'automne l'été et le printemps
La petite Rosalie deviendra la vieille Rosalie
Le vent le vent soufflera sur ses engelures

La vieille Rosalie décomptera ses amours
Le vent le vent se fatiguera aux éternelles semailles
La vieille Rosalie enfin mourra
Le vent le vent soufflera sur son tombeau

Et qu'est-ce que cela peut bien nous faire.

A L'AUBE

Le matin s'écroule comme une pile d'assiettes
En milliers de tessons de porcelaines et d'heures
Et de cailloux
Et de cascades
Jusque sur le zinc de ce bistrot très pauvre
Où les étoiles persistent dans la nuit du café.

Elle n'est pas pauvre
Celle-là, dans sa robe de soirée souillée de boue,
Mais riche des réalités du matin,
De l'ivresse de son sang
Et du parfum de son haleine que nulle insomnie ne peut altérer.

Riche d'elle-même et de tous les matins
Passés, présents et futurs,
Riche d'elle-même et du sommeil qui la gagne
Du sommeil rigide comme un acajou
Du sommeil et du matin et d'elle-même

Et de toute sa vie qui ne se compte
Que par matinées, aubes éclatantes,
Cascades, sommeils,
Nuits vivantes.

Elle est riche,
Même si elle tend la main
Et doit dormir au frais matin
Dans sa robe crottée
Sur un lit de désert.

LITTÉRATURE

Je voudrais aujourd'hui écrire de beaux vers
Ainsi que j'en lisais quand j'étais à l'école
Ça me mettait parfois les rêves à l'envers
Il est possible aussi que je sois un peu folle

Mais compter tous ces mots accoupler ces syllabes
Me paraît un travail fastidieux de fourmi
J'y perdrais mon latin mon chinois mon arabe
Et même le sommeil mon serviable ami

J'écrirai donc comme je parle et puis tant pis
Si quelque grammairien surgi de sa pénombre
Voulait me condamner avec hargne et dépit
Il est une autre science où je peux le confondre.

CONTE DE FÉE

Il était un grand nombre de fois
Un homme qui aimait une femme
Il était un grand nombre de fois
Une femme qui aimait un homme
Il était un grand nombre de fois
Une femme et un homme
Qui n'aimaient pas celui et celle qui les aimaient

Il était une fois
Une seule fois peut-être
Une femme et un homme qui s'aimaient

LE NUAGE

Le nuage dit à l'indien :
"Tire sur moi tes flèches,
Je ne sentirai rien."

"C'est vrai, rien ne t'ébrèche,
Répond le sauvage,
Mais vois mes tatouages !
Rien de pareil sur les nuages."

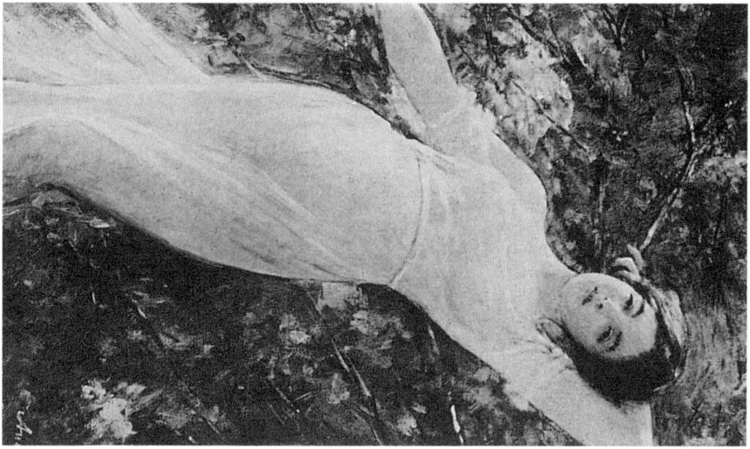

COUCHÉE

A droite, le ciel, à gauche, la mer.
Et devant les yeux, l'herbe et ses fleurs.
Un nuage, c'est la route, suit son chemin vertical
Parallèlement à l'horizon de fil à plomb,
Parallèlement au cavalier.
Le cheval court vers sa chute imminente
Et cet autre monte interminablement.
Comme tout est simple et étrange.
Couchée sur le côté gauche,
Je me désintéresse du paysage
Et je ne pense qu'à des choses très vagues,
Très vagues et très heureuses,
Comme le regard las que l'on promène
Par ce bel après-midi d'été
A droite, à gauche,
De-ci, de-là,
Dans le délire de l'inutile.

COUPLETS DE LA RUE SAINT-MARTIN

Je n'aime plus la rue Saint-Martin
Depuis qu'André Platard l'a quittée.
Je n'aime plus la rue Saint-Martin,
Je n'aime rien, pas même le vin.

Je n'aime plus la rue Saint-Martin
Depuis qu'André Platard l'a quittée.
C'est mon ami, c'est mon copain.
Nous partagions la chambre et le pain.
Je n'aime plus la rue Saint-Martin.

C'est mon ami, c'est mon copain.
Il a disparu un matin
Ils l'ont emmené, on ne sait plus rien.
On ne l'a plus revu dans la rue Saint-Martin.

Pas la peine d'implorer les saints,
Saints Merri, Jacques, Gervais et Martin,
Pas même Valérien qui se cache sur la colline.
Le temps passe, on ne sait rien.
André Platard a quitté la rue Saint-Martin.

1942.

COUPLET DE LA RUE DE BAGNOLET

Le Soleil de la rue de Bagnolet
N'est pas un soleil comme les autres.
Il se baigne dans le ruisseau,
Il se coiffe avec un seau,
Tout comme les autres,
Mais, quand il caresse mes épaules,
C'est bien lui et pas un autre,
Le soleil de la rue de Bagnolet
Qui conduit son cabriolet
Ailleurs qu'aux portes des palais
Soleil, soleil ni beau ni laid,
Soleil tout drôle et tout content,
Soleil de la rue de Bagnolet,
Soleil d'hiver et de printemps,
Soleil de la rue de Bagnolet,
Pas comme les autres.

1942.

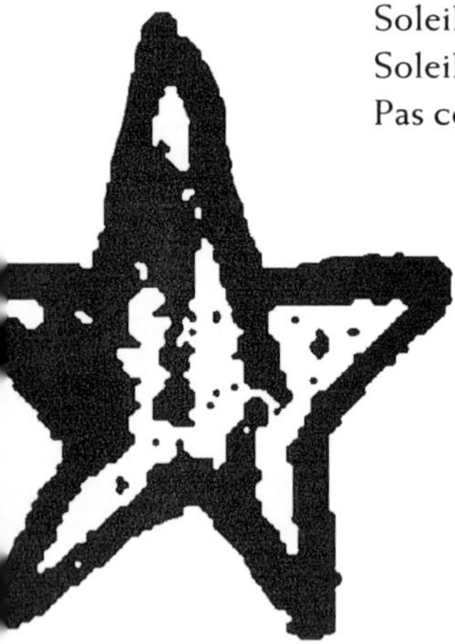

COUPLET DU TROTTOIR D'ÉTÉ

Couchons-nous sur le pavé,
Par le soleil chauffé, par le soleil lavé,
Dans la bonne odeur de poussière
De la journée achevée.
Avant la nuit levée,
Avant la première lumière
Et nous guetterons dans le ruisseau
Les reflets des nuages en assaut,
Le coup de sang de l'horizon
Et la première étoile au-dessus des maisons.

1942.

AU TEMPS DES DONJONS

As-tu déjà perdu le mot de passe ?

Le château se ferme et devient prison,
La belle aux créneaux chante sa chanson
Et le prisonnier gémit dans l'in pace.
Retrouveras-tu le chemin, la plaine,
La source et l'asile au cœur des forêts,
Le détour du fleuve où l'aube apparaît,
L'étoile du soir et la lune pleine ?
Un serpent dardé vers l'homme s'élance,
L'enlace, l'étreint entre ses anneaux,
La belle soupire au bord des créneaux,
Le soleil couchant brille sur les lances,
L'âge sans retour vers l'homme jaillit,
L'enlace, l'étreint entre ses années.
Amours ! Ô saisons ! Ô belles fanées !
Serpents lovés à l'ombre des taillis.

1942.

FENÊTRE

Par une fenêtre jaune d'or
Entrent la pomme et l'ananas
L'insecte et le poisson
L'oiseau et l'ombre

Pas la peine de faire tant de nuit
Sur un plat de légumes exotiques
Le bateau à voiles sorti d'un autre âge
Ira quand même à bon port

A bon port et à merci
A bon port et à son corps défendant
Un cri n'ayant jamais cassé quatre pattes
A un fauteuil

OHÉ DE LA VALLÉE

Au détour du sentier dans la montagne
La carcasse du mulet mort l'autre année
Sous la charge trop lourde qu'il portait
Achève de blanchir sous le soleil de plomb.

Le parfum du thym et le bourdonnement des insectes
Emplissent l'air jusqu'à l'ivresse du passant
Qui sent le temps hésiter à poursuivre sa route
Et le monde vaciller dans la chaleur.

Dans la vallée, au bas des pentes escarpées,
Des mules passent en trottant
Le bruit de leurs grelots et de leurs fers.

Dans la cour d'une ferme des hommes entourent
La brebis qui vient de mettre bas
Et l'un d'eux lève vers le ciel un agneau étonné de vivre

CHEVAL

Cheval de fer et de fumier, mâcheur de paille,
Cheval jailli de la tempête et du dégel,
Agite le panache à ton front blanc de sel
Et, d'un train paresseux, mène les funérailles.

Car on conduit en terre au soir de la bataille
Un être. Qui est-il ? il est mort et le ciel
Montre sa trame et ses accrocs et ses tunnels
Et se retourne et se déchire et tonne et bâille.

Pas de nom sur la tombe où pourrira ce mort,
Pas de légende où faire un jour vivre ce corps
Rien que l'oubli, si l'oubli peut avec la haine

Se concilier, et si, sans visage et sans nom
Ce mort reste un exemple et si, jusqu'aux canons
Enfoncé, le cheval le cloue en sa géhenne.

L'ÉTOILE DU MATIN

C'est l'appel du village aux paresseux bergers
Qui chante ce matin dans mon cœur, et j'aspire,
Tous les verres vidés, à dormir aux vergers
Où chantent les oiseaux, où les abeilles girent.

Face au ciel, et cherchant dans les nuages en marche
Des géants abrutis par le froid et la nuit,
Je verrais se creuser des tunnels et des arches
Et des arbres de lueurs porter des lueurs de fruits.

Tout au fond d'un cratère écrasant de vertiges
Apparaîtrait l'étoile aux pointes de cristal,
La rose du matin détachée de sa tige,
La belle promeneuse au regard sans rival

Robe de velours noir et diadème éclatant
De la boue de comète à la soie du corsage,
Collier brisé laissant tomber tant de diamants
Que l'herbe autour de moi pleure comme un visage.

Je t'enferme en mes yeux clos sur ta belle image
Aux ténébreux jardins roués par les éclairs
Que ta robe et tes pieds laissent sur leur passage
Quand tu sors de la mer tumultueuse de l'air.

Mais je voudrais savoir où tu passas la nuit.
Ainsi que moi, tu dors aux heures de lumière
Indifférente aux cris, aux chants, au jour, aux bruits
Ainsi que moi, tu dors et rêves la dernière.

Et je souhaite de dormir sous tes réseaux
De te voir apparaître au-dessus des campagnes
Dans un verger bruyant d'abeilles et d'oiseaux
A l'ombre du plus grand des châteaux en Espagne

Et je me dissoudrais dans un sommeil profond
Comme le café noir et comme la migraine
Ou la sonorité du bronze des bourdons
Et la monotonie du feu et des fontaines.

Tandis que toi, pâlie à l'écume du jour,
Disparaîtrais du ciel comme un reste de poudre
Sur un visage en proie aux charmes de l'amour
Qui flambe et monte avec le fracas de la foudre.

LE MIROIR ET LE MONDE

Chaque jour de ses dents aiguës
Le temps déchire un peu le tain
De ce miroir et restitue
A l'espace un nouveau butin

La lèpre marque le visage
Et masque un regard qui s'éteint
Las et las de se reconnaître
Chaque soir et chaque matin

Le paysage apparaissant
Avec son ciel et son lointain
Libère un reflet et invite
Narcisse à vivre l'incertain
Le limpide, le beau voyage
Entre le soir et le matin

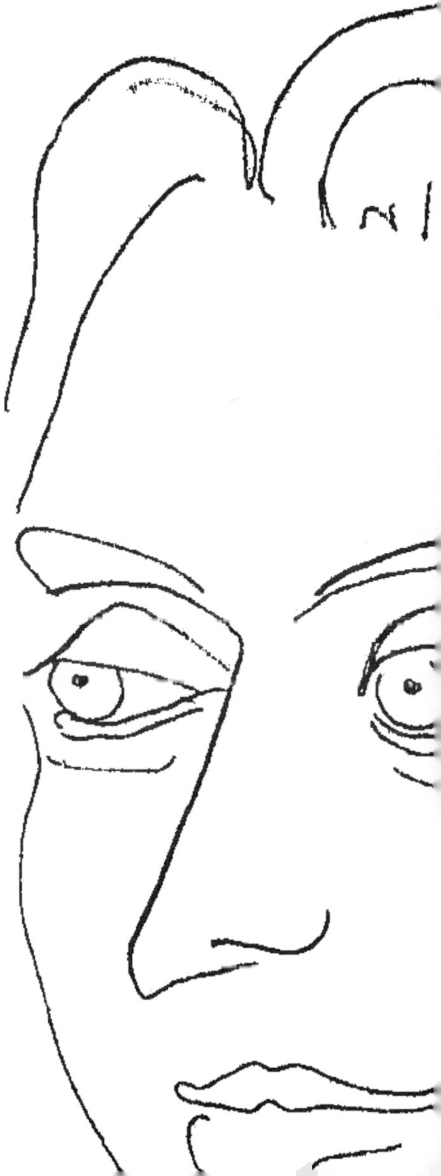

Chantefables
et chantefleurs

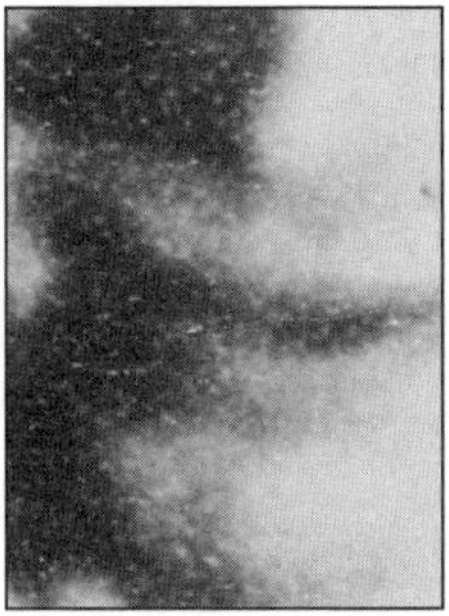

LA ROSE

Rose rose, rose blanche,
Rose thé,
J'ai cueilli la rose en branche
Au soleil de l'été.
Rose blanche, rose rose,
Rose d'or,
J'ai cueilli la rose éclose
Et son parfum m'endort.

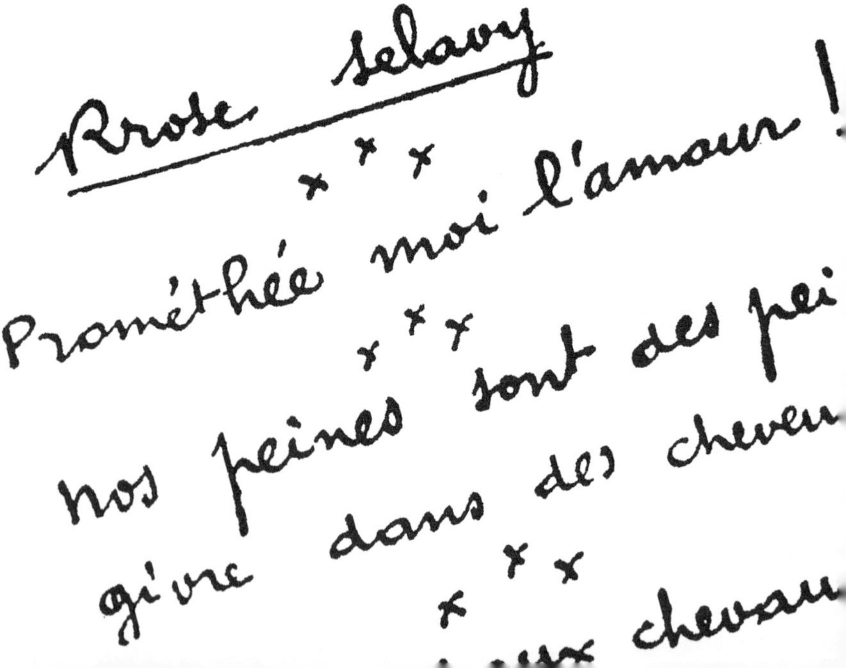

LES HIBOUX

Ce sont les mères des hiboux
Qui désiraient chercher les poux
De leurs enfants, leurs petits choux,
En les tenant sur les genoux.

Leurs yeux d'or valent des bijoux
Leur bec est dur comme cailloux,
Ils sont doux comme des joujoux,
Mais aux hiboux point de genoux !

Votre histoire se passait où ?
Chez les Zoulous ? Les Andalous ?
Ou dans la cabane bambou ?
A Moscou ? Ou à Tombouctou ?
En Anjou ou dans le Poitou ?
Au Pérou ou chez les Mandchous ?

Hou ! Hou !
Pas du tout, c'était chez les fous.

LE TAMANOIR

– Avez-vous vu le tamanoir ?
Ciel bleu, ciel gris, ciel blanc, ciel noir.
– Avez-vous vu le tamanoir ?
Œil bleu, œil gris, œil blanc, œil noir.
– Avez-vous vu le tamanoir ?
Vin bleu, vin gris, vin blanc, vin noir.

Je n'ai pas vu le tamanoir !
Il est rentré dans son manoir,
Et puis avec son éteignoir
Il a coiffé tous les bougeoirs,
Il fait tout noir.

LA GIRAFE

La girafe et la girouette,
Vent du sud et vent de l'est,
Tendent leur cou vers l'alouette,
Vent du nord et vent de l'ouest.

Toutes deux vivent près du ciel,
Vent du sud et vent de l'est,
A la hauteur des hirondelles,
Vent du nord et vent de l'ouest.

Et l'hirondelle pirouette,
Vent du sud et vent de l'est,
En été sur les girouettes,
Vent du nord et vent de l'ouest.

L'hirondelle fait des paraphes,
Vent du sud et vent de l'est,
Tout l'hiver autour des girafes,
Vent du nord et vent de l'ouest.

LA BALEINE

Plaignez, plaignez la baleine
Qui nage sans perdre haleine
Et qui nourrit ses petits
De lait froid sans garantie.
La baleine fait son nid
Oui, mais, petit appétit,
Dans le fond des océans
Pour ses nourrissons géants.
Au milieu des coquillages,
Elle dort sous les sillages
Des bateaux, des paquebots
Qui naviguent sur les flots.

LE LOTUS

Le lotus et la grenouille,
Il pleut, il pleut, il mouille,
Surveillent le caïman,
Il pleure, il pleure, il ment.
Mais le lotus élégamment
Protège la grenouille.
Il pleut, il pleut, il mouille.

LA FOURMI

Une fourmi de dix-huit mètres
Avec un chapeau sur la tête,
Ça n'existe pas, ça n'existe pas.
Une fourmi traînant un char
Plein de pingouins et de canards,
Ça n'existe pas, ça n'existe pas.
Une fourmi parlant français
Parlant latin et javanais,
Ça n'existe pas, ça n'existe pas.
Eh ! Pourquoi pas ?

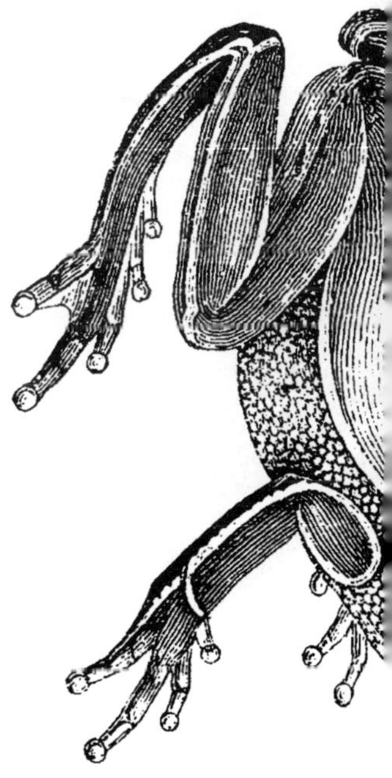

LE SOUCI

Et pour qui sont ces six soucis ?
Ces six soucis sont pour mémoire.
Ne froncez donc pas les sourcils,
Ne faites donc pas une histoire,
Mais souriez, car vous aussi,
Vous aussi, aurez des soucis.

LE ZÈBRE

Le zèbre, cheval des ténèbres,
Lève le pied, ferme les yeux
Et fait résonner ses vertèbres
En hennissant d'un air joyeux.

Au clair soleil de Barbarie,
Il sort alors de l'écurie
Et va brouter dans la prairie
Les herbes de sorcellerie.

Mais la prison, sur son pelage,
A laissé l'ombre du grillage.

Contrée

LA RIVIÈRE

D'un bord à l'autre bord j'ai passé la rivière,
Suivant à pied le pont qui la franchit d'un jet
Et mêle dans les eaux son ombre et son reflet
Au fil bleui par le savon des lavandières.

J'ai marché dans le gué qui chante à sa manière.
Étoiles et cailloux sous mes pas le jonchaient.
J'allais vers le gazon, j'allais vers la forêt
Où le vent frissonnait dans sa robe légère.

J'ai nagé. J'ai passé, mieux vêtu par cette eau
Que par ma propre chair et par ma propre peau.
C'était hier. Déjà l'aube et le ciel s'épousent.

Et voici que mes yeux et mon corps sont pesants,
Il fait clair et j'ai soif et je cherche à présent
La fontaine qui chante au cœur d'une pelouse.

LE CIMETIÈRE

Ici sera ma tombe, et pas ailleurs, sous ces trois arbres.
J'en cueille les premières feuilles du printemps
Entre un socle de granit et une colonne de marbre.

J'en cueille les premières feuilles du printemps,
Mais d'autres feuilles se nourriront de l'heureuse pourriture
De ce corps qui vivra, s'il le peut, cent mille ans.

Mais d'autres feuilles se nourriront de l'heureuse pourriture,
Mais d'autres feuilles se noirciront
Sous la plume de ceux qui content leurs aventures.

Mais d'autres feuilles se noirciront
D'une encre plus liquide que le sang et l'eau des fontaines :
Testaments non observés, paroles perdues au-delà des monts.

D'une encre plus liquide que le sang et l'eau des fontaines
Puis-je défendre ma mémoire contre l'oubli
Comme une seiche qui s'enfuit à perdre sang, à perdre haleine ?

Puis-je défendre ma mémoire contre l'oubli ?

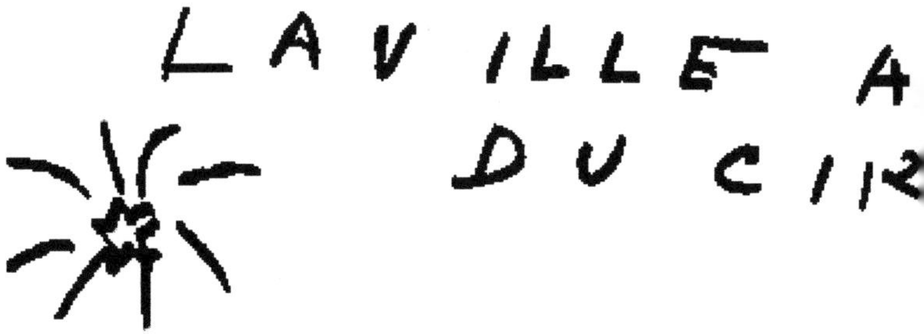

LA PROPHÉTIE

D'une place de Paris jaillira une si claire fontaine
Que le sang des vierges et les ruisseaux des glaciers
Près d'elle paraîtront opaques.
Les étoiles sortiront en essaim de leurs ruches lointaines
Et s'aggloméreront pour se mirer dans ses eaux
        près de la Tour Saint-Jacques.

D'une place de Paris jaillira une si claire fontaine
Qu'on viendra s'y baigner, en cachette, dès l'aurore.
Sainte Opportune et ses lavandières seront ses marraines
Et ses eaux couleront vers le sud venant du nord.

Un grand marronnier rouge fleurit à la place
Où coulera la fontaine future,
Peut-être dans mon grand âge
Entendrai-je son murmure :

Or le chant est si doux de la claire fontaine
Qu'il baigne déjà mes yeux et mon cœur.
Ce sera le plus bel affluent de la Seine,
Le gage le plus sûr des printemps à venir,
        de leurs oiseaux et de leurs fleurs.

UX RUES SANS NOM
RUE CEREBRAL

LA VILLE

Se heurter à la foule et courir par les rues,
Saisi en plein soleil par l'angoisse et la peur,
Pressentir le danger, la mort et le malheur,
Brouiller sa piste et fuir une ombre inaperçue,

C'est le sort de celui qui, rêvant en chemin,
S'égare dans son rêve et se mêle aux fantômes,
Se glisse en leur manteau, prend leur place au royaume
Où la matière cède aux caresses des mains.

Tout ce monde est sorti du creux de sa cervelle.
Il l'entoure, il le masque, il le trompe, il l'étreint,
Il lui faut s'arrêter, laisser passer le train
Des créatures nées dans un corps qui chancelle.

Nausée de souvenirs, regrets des soleils veufs,
Résurgence de source, écho d'un chant de brume,
Vous n'êtes que scories et vous n'êtes qu'écume.
Je voudrais naître chaque jour sous un ciel neuf.

LE PAYSAGE

J'avais rêvé d'aimer. J'aime encor mais l'amour
Ce n'est plus ce bouquet de lilas et de roses
Chargeant de leurs parfums la forêt où repose
Une flamme à l'issue de sentiers sans détour.

J'avais rêvé d'aimer. J'aime encor mais l'amour
Ce n'est plus cet orage où l'éclair superpose
Ses bûchers aux châteaux, déroute, décompose,
Illumine en fuyant l'adieu du carrefour.

C'est le silex en feu sous mon pas dans la nuit,
Le mot qu'aucun lexique au monde n'a traduit
L'écume sur la mer, dans le ciel ce nuage.

A vieillir tout devient rigide et lumineux,
Des boulevards sans noms et des cordes sans nœuds.
Je me sens me roidir avec le paysage.

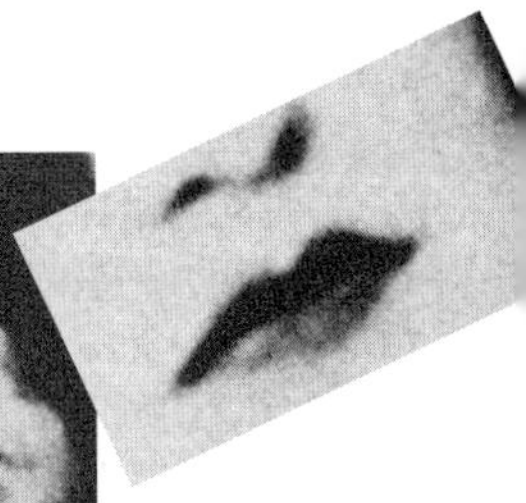

LA VOIX

Une voix, une voix qui vient de si loin
Qu'elle ne fait plus tinter les oreilles,
Une voix, comme un tambour, voilée
Parvient pourtant, distinctement, jusqu'à nous.

Bien qu'elle semble sortir d'un tombeau
Elle ne parle que d'été et de printemps,
Elle emplit le corps de joie,
Elle allume aux lèvres le sourire.

Je l'écoute. Ce n'est qu'une voix humaine
Qui traverse les fracas de la vie et des batailles,
L'écroulement du tonnerre et le murmure des bavardages.

Et vous ? ne l'entendez-vous pas ?
Elle dit "La peine sera de peu de durée"
Elle dit "La belle saison est proche".

Ne l'entendez-vous pas ?

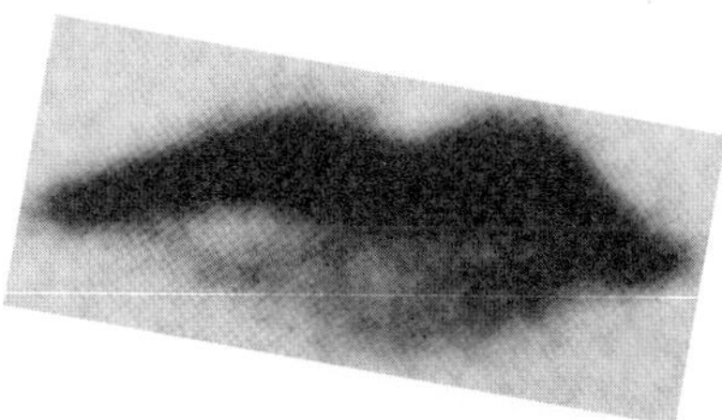

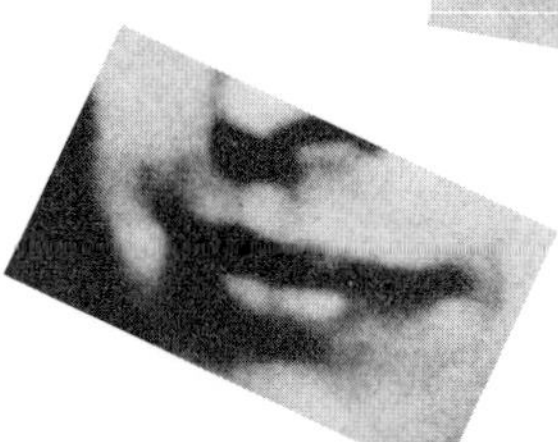

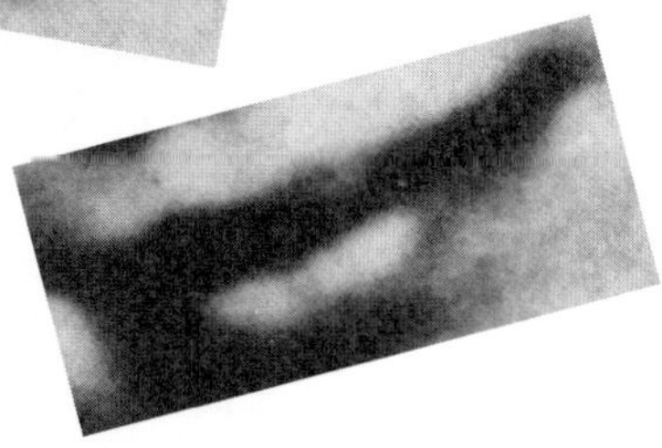

L'ÉPITAPHE

J'ai vécu dans ces temps et depuis mille années
Je suis mort. Je vivais, non déchu mais traqué.
Toute noblesse humaine étant emprisonnée
J'étais libre parmi les esclaves masqués.

J'ai vécu dans ces temps et pourtant j'étais libre.
Je regardais le fleuve et la terre et le ciel
Tourner autour de moi, garder leur équilibre
Et les saisons fournir leurs oiseaux et leur miel.

Vous qui vivez qu'avez-vous fait de ces fortunes ?
Regrettez-vous les temps où je me débattais ?
Avez-vous cultivé pour des moissons communes ?
Avez-vous enrichi la ville où j'habitais ?

Vivants, ne craignez rien de moi, car je suis mort.
Rien ne survit de mon esprit ni de mon corps.

Un
homme
est
mort
ce matin

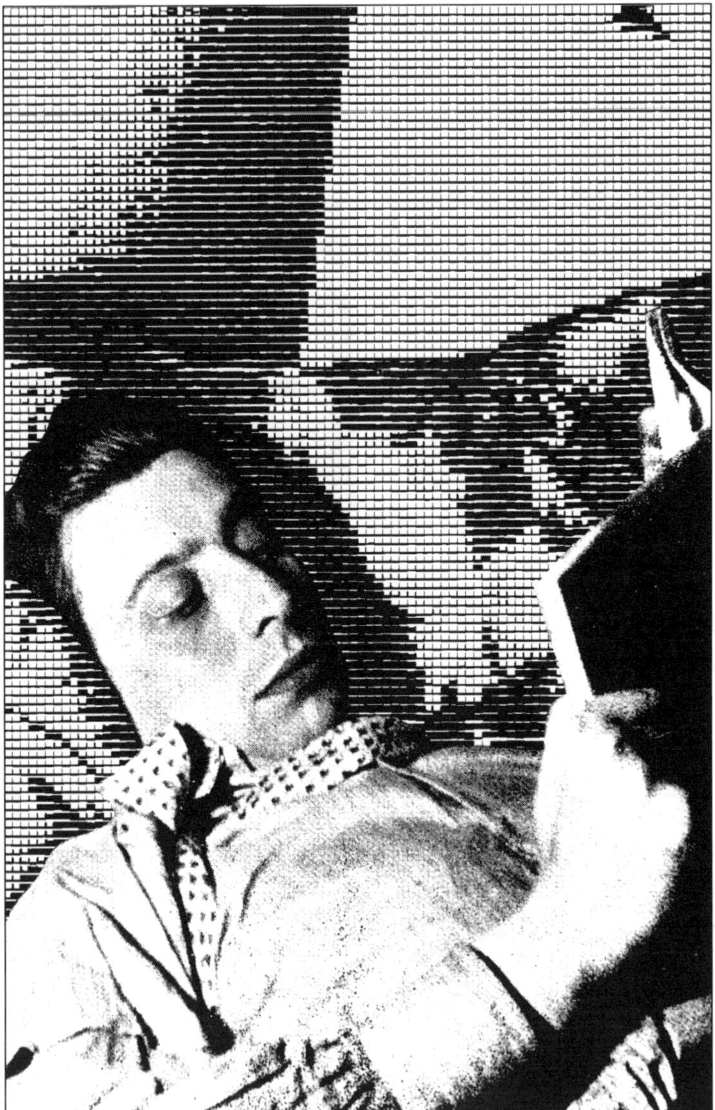

Ce cœur
qui haïssait la guerre

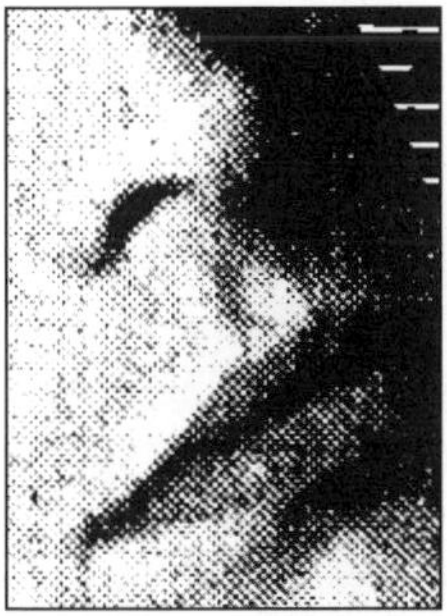

SI, COMME AUX VENTS DÉSIGNÉS PAR LA ROSE...

Si, comme aux vents désignés par la rose
Il est un sens à l'espace et au temps,
S'ils en ont un ils en ont mille et plus
Et tout autant s'ils n'en possèdent pas.

Or qui de nous n'imagine ou pressent,
Ombres vaguant hors des géométries,
Des univers échappant à nos sens ?

Au carrefour de routes en obliques
Nous écoutons s'éteindre un son de cor,
Toujours renaissant, toujours identique.

Cette vision du ciel et de la rose
Elle s'absorbe et se dissout dans l'air
Comme les sons dont frémit notre chair
Ou les lueurs sous nos paupières closes.

Nous nous heurtons à d'autres univers
Sans les sentir, les voir ou les entendre
Au creux été, aux cimes de l'hiver,
D'autres saisons sur nous tombent en cendre.

Tandis qu'aux vents désignés par la rose
Claque la porte et claquent les drapeaux,
Gonfle la voile et sans visible cause
Une présence absurde à nous s'impose
Matérielle, indifférente et sans repos.

LE LEGS

Et voici, Père Hugo, ton nom sur les murailles !
Tu peux te retourner au fond du Panthéon
Pour savoir qui a fait cela. Qui l'a fait ? On !
On c'est Hitler, on c'est Goebbels... C'est la racaille,

Un Laval, un Pétain, un Bonnard, un Brinon,
Ceux qui savent trahir et ceux qui font ripaille,
Ceux qui sont destinés aux justes représailles
Et cela ne fait pas un grand nombre de noms.

Ces gens de peu d'esprit et de faible culture
Ont besoin d'alibis dans leur sale aventure.
Ils ont dit : "Le bonhomme est mort. Il est dompté."

Oui, le bonhomme est mort. Mais par-devant notaire
Il a bien précisé quel legs il voulait faire :
Le notaire a nom : France, et le legs : Liberté.

CE CŒUR QUI HAÏSSAIT LA GUERRE...

Ce cœur qui haïssait la guerre voilà qu'il bat pour le combat et la bataille !

Ce cœur qui ne battait qu'au rythme des marées, à celui des saisons, à celui des heures du jour et de la nuit,

Voilà qu'il se gonfle et qu'il envoie dans les veines un sang brûlant de salpêtre et de haine

Et qu'il mène un tel bruit dans la cervelle que les oreilles en sifflent

Et qu'il n'est pas possible que ce bruit ne se répande pas dans la ville et la campagne

Comme le son d'une cloche appelant à l'émeute et au combat.

Écoutez, je l'entends qui me revient renvoyé par les échos.

Mais non, c'est le bruit d'autres cœurs, de millions d'autres cœurs battant comme le mien à travers la France.

Ils battent au même rythme pour la même besogne tous ces cœurs,

Leur bruit est celui de la mer à l'assaut des falaises

Et tout ce sang porte dans des millions de cervelles un même mot d'ordre :

Révolte contre Hitler et mort à ses partisans !

Pourtant ce cœur haïssait la guerre et battait au rythme des saisons,

Mais un seul mot : Liberté a suffi à réveiller les vieilles colères

Et des millions de Français se préparent dans l'ombre à la besogne que l'aube proche leur imposera.

Car ces cœurs qui haïssaient la guerre battaient pour la liberté au rythme même des saisons et des marées, du jour et de la nuit.

SOL DE COMPIÈGNE

CHŒUR *(très pressé et comme se chevauchant)* :

Craie et silex et herbe et craie et silex
Et silex et poussière et craie et silex
Herbe, herbe et silex et craie, silex et craie
(ralenti) :
Silex, silex et craie
Et craie et silex
Et craie...

UNE VOIX :

Quelque part entre l'Hay-les-Roses
Et Bourg-la-Reine et Antony
Entre les roses de l'Hay
Entre Clamart et Antony

CHŒUR *(très rythmé)* :

Craie et silex – craie et silex
Et craie
Et silex et craie et silex et craie
Et silex

UNE VOIX :

Entre les roses de l'Hay
Et les arbres de Clamart
Avez-vous vu la sirène
La sirène d'Antony
Qui chantait à Bourg-la-Reine
Et qui chante encore à Fresnes.

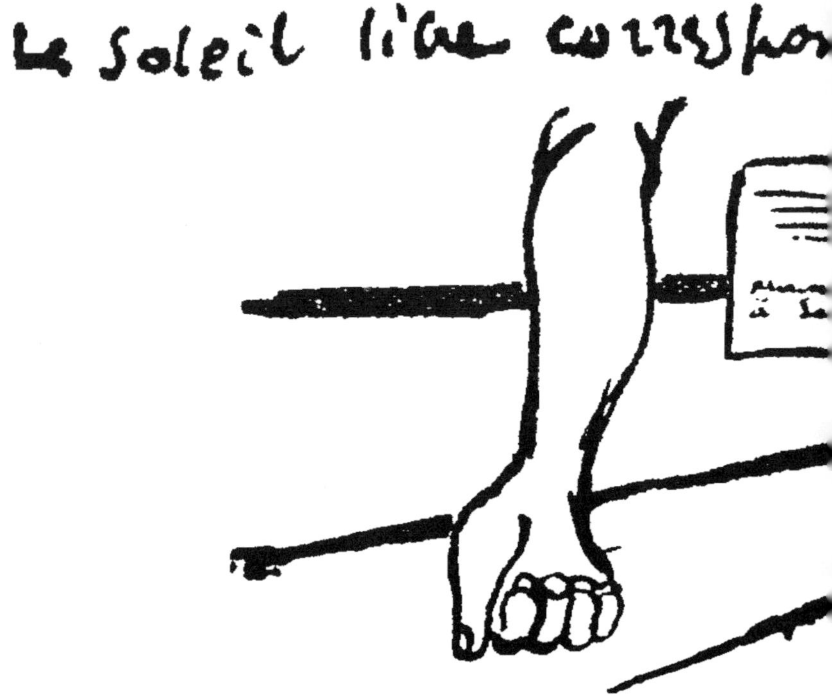

CHŒUR :

Sol de Compiègne !
Terre grasse et cependant stérile
Terre de silex et de craie
Dans ta chair
Nous marquons l'empreinte de nos semelles
Pour qu'un jour la pluie de printemps
S'y repose comme l'œil d'un oiseau
Et reflète le ciel, le ciel de Compiègne
Avec tes images et tes astres
Lourd de souvenirs et de rêves
Plus dur que le silex
Plus docile que la craie sous le couteau

UNE VOIX :

A Paris près de Bourg-la-Reine
J'ai laissé seules mes amours
Ah ! que les bercent les sirènes
Je dors tranquille, oh ! mes amours
Et je cueille, à l'Hay, les roses
Que je vous porterai un jour
Alourdies de parfums et de rêves
Et, comme vos paupières, écloses
Au clair soleil d'une vie moins brève
Pleine d'éclairs comme un silex,
Lumineuse comme la craie

CHŒUR *(alterné)* :

Et craie et silex et silex et craie
Sol de Compiègne !
Sol fait pour la marche
Et la longue station des arbres,
Sol de Compiègne !

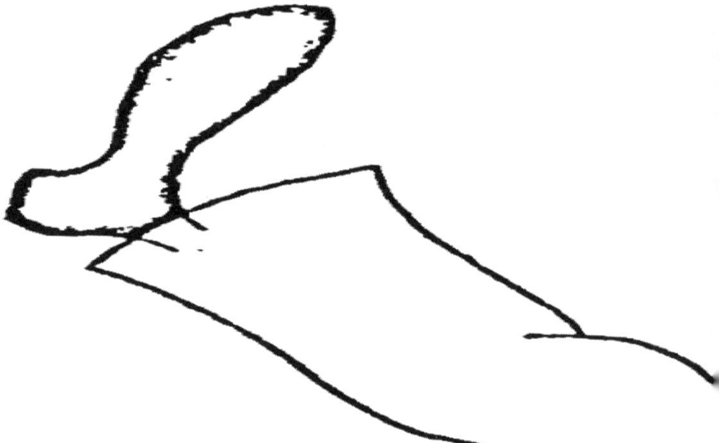

Pareil à tous les sols du monde,
Sol de Compiègne !
Un jour nous secouerons notre poussière
Sur ta poussière
Et nous partirons en chantant.

UNE VOIX :

Nous partirons en chantant
En chantant vers nos amours
La vie est brève et bref le temps.

AUTRE VOIX :

Rien n'est plus beau que nos amours

AUTRE VOIX :

Nous laisserons notre poussière
Dans la poussière de Compiègne
(scandé) :
Et nous emporterons nos amours
Nos amours qu'il nous en souvienne

CHŒUR :

Qu'il nous en souvienne.

Valentin Guillois (déporté).

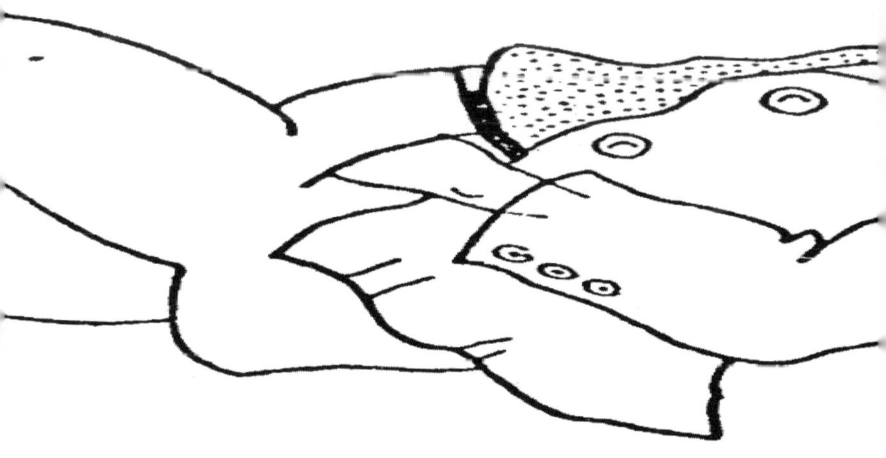

LE VEILLEUR DU PONT-AU-CHANGE

Je suis le veilleur de la rue de Flandre,
Je veille tandis que dort Paris.
Vers le nord un incendie lointain rougeoie dans la nuit.
J'entends passer des avions au-dessus de la ville.

Je suis le veilleur du Point du Jour.
La Seine se love dans l'ombre, derrière le viaduc d'Auteuil,
Sous vingt-trois ponts à travers Paris.
Vers l'ouest j'entends des explosions.

Je suis le veilleur de la Porte Dorée.
Autour du donjon le bois de Vincennes épaissit ses ténèbres.
J'ai entendu des cris dans la direction de Créteil
Et des trains roulent vers l'est avec un sillage de chants de révolte.

Je suis le veilleur de la Poterne des Peupliers.
Le vent du sud m'apporte une fumée âcre,
Des rumeurs incertaines et des râles
Qui se dissolvent, quelque part, dans Plaisance ou Vaugirard.
Au sud, au nord, à l'est, à l'ouest,
Ce ne sont que fracas de guerre convergeant vers Paris.

Je suis le veilleur du Pont-au-Change
Veillant au cœur de Paris, dans la rumeur grandissante
Où je reconnais les cauchemars paniques de l'ennemi,
Les cris de victoire de nos amis et ceux des Français,
Les cris de souffrance de nos frères torturés par les Allemands
d'Hitler.

Je suis le veilleur du Pont-au-Change
Ne veillant pas seulement cette nuit sur Paris,
Cette nuit de tempête sur Paris seulement dans sa fièvre et sa fatigue,
Mais sur le monde entier qui nous environne et nous presse.
Dans l'air froid tous les fracas de la guerre
Cheminent jusqu'à ce lieu où, depuis si longtemps, vivent les hommes.
Des cris, des chants, des râles, des fracas il en vient de partout,
Victoire, douleur et mort, ciel couleur de vin blanc et de thé,
Des quatre coins de l'horizon à travers les obstacles du globe,
Avec des parfums de vanille, de terre mouillée et de sang,
D'eau salée, de poudre et de bûchers,
De baisers d'une géante inconnue enfonçant à chaque pas dans la terre grasse de chair humaine.

Je suis le veilleur du Pont-au-Change
Et je vous salue, au seuil du jour promis
Vous tous camarades de la rue de Flandre à la Poterne des Peupliers,
Du Point du Jour à la Porte Dorée.

Je vous salue vous qui dormez
Après le dur travail clandestin,
Imprimeurs, porteurs de bombes, déboulonneurs de rails, incendiaires,
Distributeurs de tracts, contrebandiers, porteurs de messages,
Je vous salue vous tous qui résistez, enfants de vingt ans au sourire de source
Vieillards plus chenus que les ponts, hommes robustes, images des saisons,
Je vous salue au seuil du nouveau matin.

Je vous salue sur les bords de la Tamise,
Camarades de toutes nations présents au rendez-vous,
Dans la vieille capitale anglaise,
Dans le vieux Londres et la vieille Bretagne,
Américains de toutes races et de tous drapeaux,
Au-delà des espaces atlantiques,
Du Canada au Mexique, du Brésil à Cuba,
Camarades de Rio, de Tehuantepec, de New York et San
Francisco.

J'ai donné rendez-vous à toute la terre sur le Pont-au-Change,
Veillant et luttant comme vous. Tout à l'heure,
Prévenu par son pas lourd sur le pavé sonore,
Moi aussi j'ai abattu mon ennemi.

Il est mort dans le ruisseau, l'Allemand d'Hitler anonyme et haï,
La face souillée de boue, la mémoire déjà pourrissante,
Tandis que, déjà, j'écoutais vos voix des quatre saisons,
Amis, amis et frères des nations amies.

J'écoutais vos voix dans le parfum des orangers africains,
Dans les lourds relents de l'océan Pacifique,
Blanches escadres de mains tendues dans l'obscurité,
Hommes d'Alger, Honolulu, Tchoung-King,
Hommes de Fez, de Dakar et d'Ajaccio.

Enivrantes et terribles clameurs, rythmes des poumons et des
cœurs,
Du front de Russie flambant dans la neige,
Du lac Ilmen à Kief, du Dniepr au Pripet,
Vous parvenez à moi, nés de millions de poitrines.

Je vous écoute et vous entends. Norvégiens, Danois, Hollandais,
Belges, Tchèques, Polonais, Grecs, Luxembourgeois,
Albanais et Yougo-Slaves, camarades de lutte.
J'entends vos voix et je vous appelle,
Je vous appelle dans ma langue connue de tous
Une langue qui n'a qu'un mot :
Liberté !

Et je vous dis que je veille et que j'ai abattu un homme d'Hitler.
Il est mort dans la rue déserte
Au cœur de la ville impassible j'ai vengé mes frères assassinés
Au Fort de Romainville et au Mont Valérien,
Dans les échos fugitifs et renaissants du monde, de la ville et des saisons.

Et d'autres que moi veillent comme moi et tuent,
Comme moi ils guettent les pas sonores dans les rues désertes,
Comme moi ils écoutent les rumeurs et les fracas de la terre.

A la Porte Dorée, au Point du Jour,
Rue de Flandre et Poterne des Peupliers,
A travers toute la France, dans les villes et les champs,
Mes camarades guettent les pas dans la nuit
Et bercent leur solitude aux rumeurs et fracas de la terre.

Car la terre est un camp illuminé de milliers de feux.
A la veille de la bataille on bivouaque par toute la terre
Et peut-être aussi, camarades, écoutez-vous les voix,
Les voix qui viennent d'ici quand la nuit tombe,
Qui déchirent des lèvres avides de baisers
Et qui volent longuement à travers les étendues
Comme des oiseaux migrateurs qu'aveugle la lumière des phares
Et qui se brisent contre les fenêtres du feu.

Que ma voix vous parvienne donc
Chaude et joyeuse et résolue,
Sans crainte et sans remords
Que ma voix vous parvienne avec celle de mes camarades,
Voix de l'embuscade et de l'avant-garde française.

Écoutez-nous à votre tour, marins, pilotes, soldats,
Nous vous donnons le bonjour,
Nous ne vous parlons pas de nos souffrances mais de notre espoir,
Au seuil du prochain matin nous vous donnons le bonjour,
A vous qui êtes proches et, aussi, à vous
Qui recevrez notre vœu du matin
Au moment où le crépuscule en bottes de paille entrera dans vos maisons.
Et bonjour quand même et bonjour pour demain !
Bonjour de bon cœur et de tout notre sang !
Bonjour, bonjour, le soleil va se lever sur Paris,
Même si les nuages le cachent il sera là,
Bonjour, bonjour, de tout cœur bonjour !

ER t

Vaincre le jour, vaincre la nuit,
Vaincre le temps qui colle à moi,
Tout ce silence, tout ce bruit,
Ma faim, mon destin, mon horrible froid.

Vaincre ce cœur, le mettre à nu,
Écraser ce corps plein de fables
Pour le plonger dans l'inconnu,
Dans l'insensible, dans l'impénétrable.

Briser enfin, jeter au noir
Des égouts ces vieilles idoles,
Convertir la haine en espoir,
En de saintes les mauvaises paroles.

Mais mon temps n'est-il pas perdu ?
Tu m'as pris tout le sang, Paris.
A ton cou je suis ce pendu,
Ce libertaire qui pleure et qui rit.

é

TABLE DES MATIÈRES

Les textes de Robert Desnos figurant dans cette anthologie sont pour la plupart extraits de ses recueils, *Corps et Biens* (Gallimard, 1930 et 1953), *Fortunes* (Gallimard, 1945), *Destinée arbitraire* (Éditions de Minuit, 1944, pour *Le Veilleur du Pont-au-Change*, Gallimard, 1963 et 1975), *Chantefables et Chantefleurs* (Gründ, 1944 et 1952), *Contrée* (Gallimard, 1962).

4. Robert Desnos, un poète, par Marie-Claire Dumas
18. Rrose Sélavy (*Corps et Biens*)
21. 21 Heures le 26-11-22 ("L'Aumonyme", *Corps et Biens*). Notre paire quiète, ô yeux ! (*Idem*)
22. Exhausser ma pensée (*Idem*)
23. P'oasis ("L'Aumonyme", *Corps et Biens*)
24. Idéal Maîtresse ("Langage cuit", 1923, *Corps et Biens*)
25. Élégant Cantique de Salomé Salomon ("Langage cuit", *Corps et Biens*)
26. Un jour qu'il faisait nuit ("Langage cuit", *Corps et Biens*)
27. La Colombe de l'Arche ("Langage cuit", *Corps et Biens*)
29. J'ai tant rêvé de toi ("A la mystérieuse", *Corps et Biens*)
30. L'Idée fixe ("Les Ténèbres", *Corps et Biens*)
31. Au petit jour ("Les Ténèbres", *Corps et Biens*)
32. En sursaut ("Les Ténèbres", *Corps et Biens*)
33. Passé le pont ("Les Ténèbres", *Corps et Biens*)
34. Paroles des rochers ("Les Ténèbres", *Corps et Biens*)
38. Hommes ("Les Sans cou", 1934, *Fortunes*)
39. Les Quatre sans cou ("Les Sans cou", *Fortunes*)
41. Fête-diable ("Les Sans cou", *Fortunes*)
43. Le Bœuf et la Rose ("Les Sans cou", *Fortunes*)
44. Comme ("Les Sans cou", *Fortunes*)
46. Camarades ("Les Sans cou", *Fortunes*)
48. Aux sans cou ("Les Sans cou", *Fortunes*)
50. Coucou ("Les Sans cou", *Fortunes*)
52. Baignade ("Les Sans cou", *Fortunes*)
54. Complainte de Fantômas (1933, *Fortunes*)
63. Au bout du monde (Les Portes battantes, 1936, *Fortunes*)
64. Il était une feuille (Les Portes battantes, *Fortunes*)
65. Quartier Saint-Merri (Les Portes battantes, *Fortunes*)
71. Les Sources de la nuit (Les Portes battantes, *Fortunes*)
72. L'Homme qui a perdu son ombre (*Fortunes*)
80. Les Gorges froides ("C'est les bottes de 7 lieues", 1926, *Destinée arbitraire*)
81. Une ville ("Youki 1930 Poésie", 1930-1939, *Destinée arbitraire*)
82. Bouquet ("Youki 1930 Poésie", *Destinée arbitraire*)
83. Fontaine ("Youki 1930 Poésie", *Destinée arbitraire*)

84. Chantepleure ("Youki 1930 Poésie", *Destinée arbitraire*)
85. La Petite Gertrude ("Youki 1930 Poésie", *Destinée arbitraire*)
86. Nuits ("Youki 1930 Poésie", *Destinée arbitraire*)
87. Pas vu ça ("Youki 1930 Poésie", *Destinée arbitraire*)
88. Un conte ("Youki 1930 Poésie", *Destinée arbitraire*)
89. Le Loup ("Youki 1930 Poésie", *Destinée arbitraire*)
90. L'Oiseau mécanique ("Youki 1930 Poésie", *Destinée arbitraire*)
91. Le Beau Jardin ("Youki 1930 Poésie", *Destinée arbitraire*)
93. Rosalie ("Youki 1930 Poésie", *Destinée arbitraire*)
94. A l'aube ("Mines de rien", 1957, *Destinée arbitraire*)
95. Littérature ("Les Nuits blanches", 1932, *Destinée arbitraire*)
96. Conte de fée ("Les Nuits blanches", *Destinée arbitraire*)
97. Le Nuage ("Bagatelles", *Destinée arbitraire*)
98. Couchée ("Bagatelles", *Destinée arbitraire*)
99. Couplets de la rue Saint-Martin ("État de veille", 1943, *Destinée arbitraire*)
100. Couplet de la rue de Bagnolet ("État de veille", *Destinée arbitraire*)
101. Couplet du trottoir d'été ("État de veille", *Destinée arbitraire*)
102. Au temps des donjons ("État de veille", 1943, *Destinée arbitraire*)
103. Fenêtre ("Sens", *Destinée arbitraire*)
104. Ohé de la vallée ("Sens", *Destinée arbitraire*)
105. Cheval ("Sens", *Destinée arbitraire*)
107. L'Étoile du matin ("Sens", *Destinée arbitraire*)
109. Le Miroir et le Monde ("Sens", *Destinée arbitraire*)
112. La Rose (*Chantefables et Chantefleurs*, 1944)
113. Les Hiboux (*Chantefables et Chantefleurs*)
114. Le Tamanoir (*Chantefables et Chantefleurs*, 1944)
115. La Girafe (*Chantefables et Chantefleurs*, 1944)
116. La Baleine (*Chantefables et Chantefleurs*, 1944)
118. Le Lotus (*Chantefables et Chantefleurs*, 1944)
119. La Fourmi (*Chantefables et Chantefleurs*, 1944)
120. Le Souci (*Chantefables et Chantefleurs*, 1944)
121. Le Zèbre (*Chantefables et Chantefleurs*, 1944)
124. La Rivière (*Contrée*, 1942-1943)
125. Le Cimetière (*Contrée*)
126. La Prophétie (*Contrée*)
127. La Ville (*Contrée*)
128. Le Paysage (*Contrée*)
129. La Voix (*Contrée*)
130. L'Épitaphe (*Contrée*)
134. Si, comme aux vents désignés par la rose... ("Ce cœur qui haïssait la guerre", 1943-1944, *Destinée arbitraire*)
135. Le Legs ("Ce cœur qui haïssait la guerre", *Destinée arbitraire*)
136. Ce cœur qui haïssait la guerre ("Ce cœur qui haïssait la guerre", *Destinée arbitraire*)

137. Sol de Compiègne ("Ce cœur qui haïssait la guerre", *Destinée arbitraire*)
142. Le Veilleur du Pont-au-Change ("Ce cœur qui haïssait la guerre", *Destinée arbitraire*)

Nous tenons à remercier tout particulièrement Mme Marie-Claire Dumas dont la compétence et l'aide nous ont été précieuses pour la mise au point définitive de cet ouvrage.

Nous remercions également les éditions Gründ de nous avoir donné la possibilité de reproduire quelques textes de Chantefables et Chantefleurs *qu'elles ont publiés dans leur intégralité en album illustré.*

ICONOGRAPHIE

La plupart des documents figurant dans cet ouvrage proviennent de la bibliothèque littéraire Jacques Doucet. Les documents d'illustration de la préface sont pour la plupart des dessins originaux de Robert Desnos.

3 R. Desnos (tous droits réservés) **4-5** R. Desnos, portrait par Max Ernst (photo X, tous droits réservés) **6** Page de couverture du premier numéro de *La Révolution surréaliste* (photo coll. particulière, tous droits réservés) **9** Portrait de Youki par Foujita (tous droits réservés) **10** Monogramme de R. Desnos (bibliothèque J. Doucet) **11** A la foire du trône. En avion (de gauche à droite) : Paul Éluard, André Breton, Robert Desnos (bibliothèque J. Doucet) **12-13 et couverture** R. Desnos à 45 ans, portrait par Labisse (photo X, tous droits réservés) **14** R. Desnos (photo coll. bibliothèque J. Doucet) **16-17** Portrait de Desnos, photo d'identité (bibliothèque J. Doucet) **22-23** La Ville aux rues sans nom du cirque cérébral, dessin de R. Desnos (bibliothèque J. Doucet) **24-25** A Poster-poem, par Aram Saroyan, 1965-1966; extrait de *Typoésie*, de J. Peignot (tous droits réservés) **26-27** Lucien Desnos, le père, juillet 1936 (photo Boris, bibliothèque J. Doucet) **28-29** R. Desnos, portrait par Max Morise (tous droits réservés) **35** Tête de mort animée, aquarelle de Desnos (bibliothèque J. Doucet) **35 et 50-51** Rencontre de la lune et du soleil, aquarelle de R. Desnos (bibliothèque J. Doucet) **36-37** R. Desnos, par Man Ray, 1923 (© Man Ray Trust/ADAGP, 1998) **45** La Comptabilité du poète, dessin de R. Desnos rehaussé d'aquarelle, vers 1924 (bibliothèque J. Doucet) **47** Fleur (photo F. Delebecque) **52-53** Petit personnage courant, dessin de R. Desnos (bibliothèque J. Doucet) **54-55-57** Page de couverture d'un volume de *Fantômas* (bibliothèque J. Doucet) **58-59-60** Idem (coll. particulière, tous droits réservés) **62-63** Ici mourut Aragon, dessin de R. Desnos (bibliothèque J. Doucet) **64 et 74** Deux hommes qui marchent, dessin de R. Desnos (bibliothèque J. Doucet) **68-69** Tous droits réservés **70-71 et 163** R. Desnos, par Man Ray (© Man Ray Trust/ADAGP, 1998) **78-79** Desnos dans son appartement, 19, rue Mazarine, salle à manger, 1943 (photo Dora Maar, bibliothèque J. Doucet) **82-83** D'après un dessin de R. Desnos (coll. particulière, tous droits réservés) **84** Toilette, peinture de Xavier Bricard (photo N. D., Roger-Viollet) **87 et 109** Portrait de Youki par Foujita (bibliothèque J. Doucet) **89** Dessin de R. Desnos (bibliothèque J. Doucet) **90-91** Dessin de R. Desnos (bibliothèque J. Doucet) **93 et 164** Youki, vers 1928 (bibliothèque J. Doucet) **95** Le Poisson dans l'encrier, dessin de R. Desnos, daté de 1939, pour D. Milhaud (bibliothèque J. Doucet) **96-97** Couple (photo Roger-Viollet) **100-101** Dessin de R. Desnos (bibliothèque J. Doucet) **103** Monogramme de R. Desnos, bateau (bibliothèque J. Doucet) **106-107** Sirène s'élevant dans la nuit, dessin de R. Desnos (bibliothèque J. Doucet) **110-111** R. Desnos vers 1943 avec Jules, son chat (bibliothèque J. Doucet) **112 et 159** Extrait du manuscrit de Rrose Sélavy, tous droits réservés **122-123** R. Desnos (bibliothèque J. Doucet) **124-125** Dessin de R. Desnos (bibliothèque J. Doucet) **128-129** Youki et Robert Desnos, hôtel de la Paix (photo Lucie Krogli, bibliothèque J. Doucet) **131** Dessin de R. Desnos (tous droits réservés) **132 et 139** R. Desnos lisant, vers 1923 (bibliothèque J. Doucet) **135** V. Hugo (tous droits réservés) **138-139** Dessin de R. Desnos (bibliothèque J. Doucet) **140-141** R. Desnos (tous droits réservés) **153** R. Desnos (bibliothèque J. Doucet) **154-155** Illustration de Henri Galeron **156-157** Dessin de R. Desnos (bibliothèque J. Doucet) **166** Rébus dessiné par R. Desnos : Tzara (bibliothèque J. Doucet) **167** Rébus dessiné par R. Desnos : Lautréamont (bibliothèque J. Doucet) **171** Roméo et Juliette, dessin de R. Desnos (bibliothèque J. Doucet)

folio junior poésie

Robert Desnos
un poète

Supplément illustré

réalisé par Sylvie Florian-Pouilloux

Plus que poli pour être honnête,
plus que poète pour être honni…
La vie de Robert Desnos s'est achevée
à la fin de la Seconde Guerre mondiale
au camp de Terezin
où le poète avait été transféré
après son arrestation par la
Gestapo. Robert Desnos était
un résistant, un résistant
qui avait chanté toute sa
vie et chanta jusqu'au
bout l'espoir, l'amour
de la vie, l'amour
des femmes et
de la liberté.
Un résistant
et un poète.

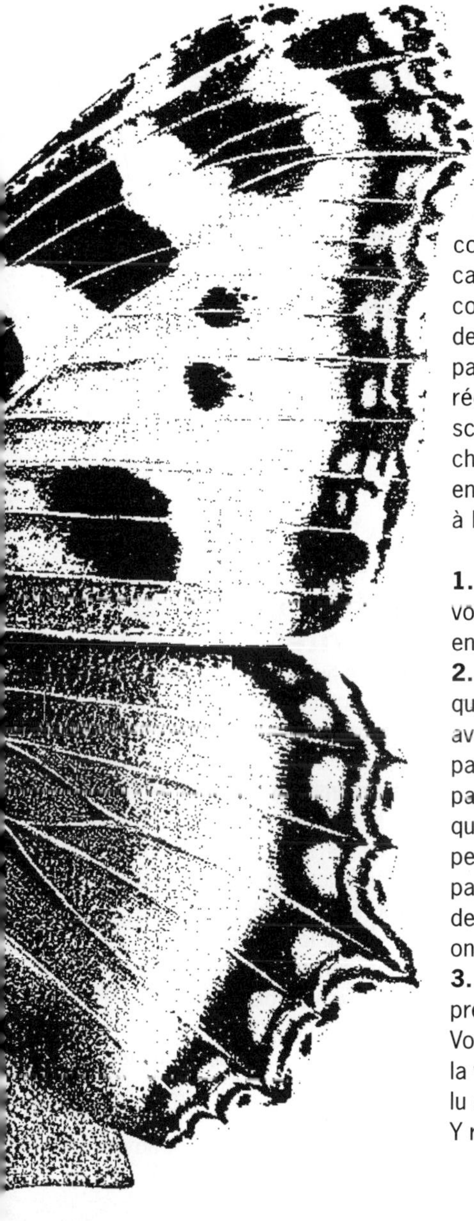

Drôle de drame

Et si tous les chemins mènent à Rome, il faut croire que tous les métiers conduisent à celui de poète, car Desnos fut successivement commis chez un droguiste de la rue Pavée, secrétaire particulier, secrétaire de rédaction, critique littéraire, scénariste, agent de location chez un marchand de biens en 1930, journaliste à la radio et, bien sûr, poète.

1. Et vous ? Comment imaginez-vous les poètes ? Sauriez-vous en faire un portrait type ?
2. Sauriez-vous définir en quelques mots ce que signifie avoir l'esprit poétique ? N'oubliez pas d'illustrer votre définition par des exemples. Pensez-vous que seuls les poètes de métier peuvent y parvenir ? Quand on parle de créature poétique, ou de situation poétique, que veut-on dire d'après vous ?
3. De quelles qualités doit faire preuve, selon vous, un poète ? Vous connaissez maintenant la vie de Robert Desnos et avez lu ses poèmes.
Y retrouvez-vous ces qualités?

Automatique écriture

L'écriture automatique est une curieuse manière d'écrire. Il s'agit en quelque sorte d'écrire en associant librement un mot à un autre : par exemple "Cadran des astres le cadastre des ans" (page 18, "Rrose Sélavy"). Le poète se laisse ici conduire par la recherche de sonorités semblables sans se soucier d'abord du sens. Le sens arrive par surprise. Le poète écrit automatiquement, c'est-à-dire qu'il fait taire sa raison et laisse se former presque sans les diriger des associations spontanées de sons, et des images de sa vie intérieure ou inconsciente.
Ainsi : "Néant nié nom ni nerf n'ai-je" *(Élégant Cantique de Salomé Salomon)* peut s'interpréter de différentes façons. On remarquera toutefois que l'idée du néant (du rien) se trouve ici associée au fait de n'avoir ni nom, ni nerf.
Essayez-vous à l'écriture automatique. Pensez aux sons que vous aimez le plus, associez les mots sans vous préoccuper d'abord du sens et vous découvrirez peut-être, en vous relisant, une signification que vous n'aviez pas prévue.

Sonorités en fête ou fête de la sonorité?

Aujourd'hui, les exercices automatiques nous paraissent, à nous lecteurs, un peu vieillis, un peu vides. Comme si nous attendions que la poésie traduise avant tout une émotion profonde (tristesse, nostalgie, amour, émerveillement) que les exercices automatiques ne pouvaient la rendre.
L'automatisme paraît curieux, habile, mais froid. Il provoque les situations plus qu'il ne se laisse bercer par le charme réel d'un coucher de soleil, ou d'une fraîche matinée de printemps. L'écriture automatique soumet donc nos souvenirs et nos

visions du monde au hasard des associations. Ce sont les associations de sonorités (incarnat, terne, internat) qui font naître une phrase et non la situation qui amène le poète à chercher des sonorités exprimant le thème.
Combien est différent le poème de Verlaine : *Les sanglots longs des violons de l'automne bercent mon cœur d'une langueur monotone*... où la mélancolie, associée aux larmes impose la répétition de la liquide "L" (sanglot, long, violon, langueur).

Pensez à votre tour à une situation poétique, souvenir ou rêve et cherchez les sonorités qui s'y rattachent. Écrivez ensuite un petit poème et comparez le aux phrases automatiques que vous avez écrites pour l'exercice précédent.
Quelle sorte d'écriture préférez-vous ?
Sauriez-vous dire pourquoi ?

Tous poètes

Les poètes travaillent le vers, le construisent, le déconstruisent, l'allongent, le courbent, le redressent, et "cent fois sur le métier remettent [leur] ouvrage" comme aurait dit le célèbre Boileau. Cependant le lecteur que nous sommes aime les imaginer spontanément gagnés par le feu sacré, librement inspirés par la caresse de la muse poétique.
Le premier vers est toujours donné. N'est-ce pas ce que pensait Valéry ?
Or dans l'écriture automatique, il ne s'agit pas tant d'obtenir ce déréglement de tous les sens préconisé par Rimbaud (ou déréglement de la sensibilité) que d'expérimenter systématiquement un objet : le langage. Pour y parvenir, certains surréalistes vont même jusqu'à utiliser l'hypnose, sommeil

aritificiel pendant lequel les mots s'assemblent tout seuls, poussés par les lois à la fois nécessaires et fantaisistes de l'inconscient.
Dans ces conditions, chacun d'entre nous peut s'improviser poète et nous devrions nous réjouir, mais nous restons perplexes.
Vous avez certainement un avis sur la question. Pourriez-vous résumer vos pensées en un bref exposé oral ? Utilisez pour votre exposé les poèmes que vous avez écrits.

Dépassons le passé

Pourtant l'écriture automatique, parce qu'elle est radicalement nouvelle, oblige les poètes à se tourner vers l'avenir. Les poètes contemporains se dégagent ainsi de l'influence qu'exerçaient sur eux leurs pairs préstigieux : Baudelaire, Rimbaud, Verlaine ou Mallarmé. Les exercices de style (comme aurait dit Queneau) leur donnent le moyen d'effacer une empreinte un peu trop forte, d'échapper à l'imitation inconsciente, aux inévitables clichés qui guettent tout jeune poète. C'est l'occasion d'explorer le vocabulaire et la grammaire. Et de tenter ceraines aventures verbales.

Rrose Sélavy

Desnos nous offre dans ce poème un exemple de ces prouesses stylistiques. *Plus que poli pour être honnête, plus que poète pour être honni.* On remarque ici le parallélisme de la construction : "plus que... pour..." dans le premier vers, "plus que.... pour...." dans le second. Le poète établit une relation d'équivalence entre les deux vers. Il faut être plus que poli, ou très poli pour être honnête et plus que poète, c'est à dire très poète pour être honni, ou rejeté. Qu'est-ce que cela signifie ? Peut-être que les poètes ne sont pas toujours très polis. Peut-être qu'ils cherchent la vérité sans se soucier de la morale et que, pour cette raison, on les maudit. Ici les consonnes p (poète, poli) et h (honnête honni) soulignent le parallélisme entre les deux expressions. Nous pensons à "trop poli pour être honnête" et puis le sens profond nous rattrape : il n'en faudrait peut-être pas beaucoup, dans un état un peu totalitaire, pour que les poètes qui, depuis Rimbaud, se veulent "voleurs de feu", méprisant les convenances, soient honnis.

1. Et vous ? Le "métier" de poète vous tente-t-il ? Pourquoi ?

Rrose Sélavy

× × ×

– Promethée moi l'amour !

× × ×

– Nos peines sont des peignes de givre dans des cheveux ivres.

× × ×

– Femmes, faux chevaux sous vos cheveux de feux

× × ×

– que secrète la glande secrète du périnée de l'aigle ~~des~~ Andes ou des Pyrénées

× × ×

– L'argot de Rrose Selavy n'est ce pas l'art de trans former en cigognes les cygnes ?

× × ×

– Le grand cygne m'a dit dans ligne de cœur et inscrit ~~de l'été~~ signe de l'heure. Et ta sœur ?

Trouvez-vous normal que les poètes soient maudits ? Sauriez-vous expliquer quelle est la fonction du poète dans la société ?

2. Relisez le recueil et trouvez d'autres exemples de constructions parallèles. Dans le poème "La Ville" et dans bien d'autres…

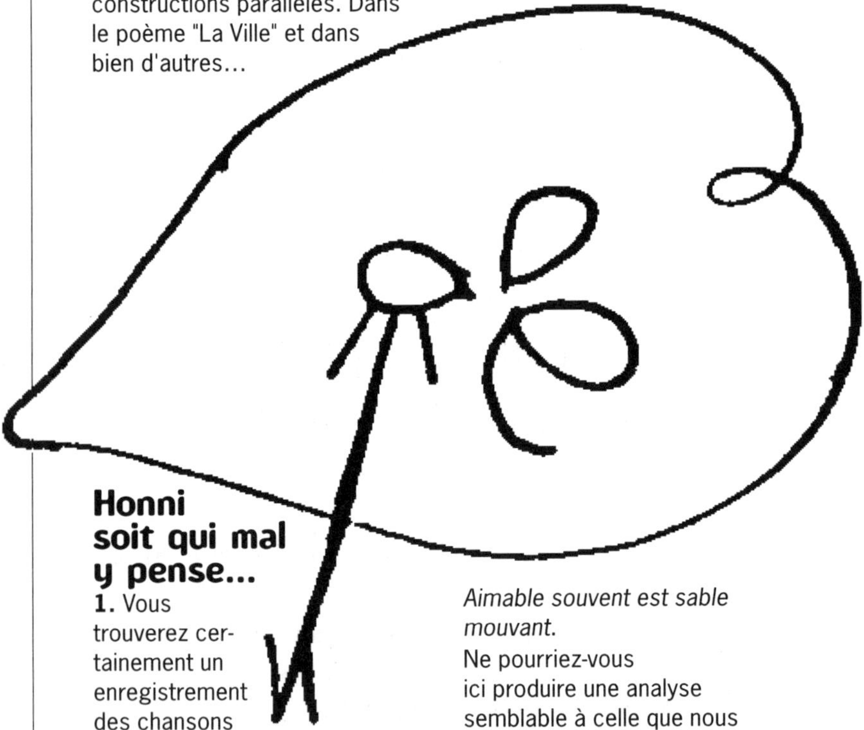

Honni soit qui mal y pense…

1. Vous trouverez certainement un enregistrement des chansons de Brassens ou de Léo Ferré qui évoquent ce côté "immoral" des poètes. Savez vous que vous pouvez en obtenir la partition dans une librairie musicale ? Utilisez la mélodie pour y glisser les mots de votre choix. Attention néanmoins à respecter le sujet.

2. Analysez maintenant la phrase 150 de "Rrose Sélavy" (p. 20) :

Aimable souvent est sable mouvant.

Ne pourriez-vous ici produire une analyse semblable à celle que nous avons faite précédemment pour "plus que poète pour être honni" ? Peut-on facilement faire confiance à celui ou celle qui se montre aimable avec tous ?

Les parfums, les couleurs et les sons se répondent

Se défaire de la fascination qu'exercent sur chaque nouveau poète les modèles offerts par les siècles passés semble donc l'origine de l'écriture automatique.

L'écriture automatique a cependant un autre but. Elle interroge le langage. Elle le désarticule, le rajeunit, éprouve sa logique, sa capacité à produire encore et encore d'autres sens...
L'écriture automatique repousse les limites du langage comme l'enfant explore les possibilités toujours neuves de son kaléidoscope. Desnos dans "P'oasis" évoque justement les "jardins cérébraux", ce qu'on pourrait appeler les jardins de la pensée. Il s'interroge : de quoi sont-ils formés, comment fonctionnent-ils ? Peut-on vraiment affirmer que "les mots en soient les esclaves" ? N'en sont-ils pas plutôt le moteur ? Les mots sortis du hasard des associations de notre inconscient ne dictent-ils pas la loi à nos pensées ?
Avez-vous déjà pensé à écrire vos rêves? Rappelez-vous un de vos rêves. Écrivez-en l'histoire. Ne trouvez-vous pas que ce rêve raconté ressemble à un poème "surréaliste", un poème comme aurait pu en écrire Desnos ?

Les lettres et le sens

Desnos montre aussi les correspondances qui se tissent entre les lettres et les syllabes: Entre *Pan C* ("L'Aumonyme"), p. 23 et *pensée*, entre *KC* et *cassé*. Ou encore, p. 26 : *NM* et *haine aime*. Les Anglais adorent ce procédé. Savez-vous ce que signifie *T42* ? Trouvez d'autres expressions de ce genre.
Desnos explore aussi la syntaxe, utilise des adjectifs ou des substantifs là où nous attendrions un verbe. "Idéal Maîtresse", page 24, met en scène un caméléon. Le choix de l'animal n'est pas innocent car celui ci change de couleur en changeant de support. Il devient bleu sur un tissu bleu, vert sur une feuille verte, roux sur l'argile rousse. Or cette bête déclare : "je mauve" et (ajoute le poète): "son regard fleuve vers moi".
Je mauve peut facilement s'interpréter comme : "Je prends la couleur mauve." *Je fleuve* évoque peut-être le côté liquide

d'un regard possiblement noyé de larmes ou encore la transparence du cristallin.
Ces racourcis ne font-ils pas sentir à leur manière la rapidité avec laquelle le caméléon s'identifie aux autres êtres ?
La transformation de l'adjectif en verbe donne du mouvement et de la rapidité à la phrase.
"Positif" a donné : *je positive.*
On utillise dans le langage parlé ces expressions à la mode.
Inventez-en quelques-unes.
Attention ! Ce que permettent la poésie et la mode ne vaut pas pour toutes les formes écrites.

Du neuf dans la pub !

Le caméléon de Desnos symbolise lui aussi toutes ces mystérieuses correspondances qui unissent les différentes formes de la nature.
Rappelez-vous ces vers de Baudelaire qui décrivent la nature comme une forêt de symboles où : *dans une ténébreuse et prodonde unité, les parfums, les couleurs et les sons se répondent...*

1. Aujourd'hui la publicité prétend, elle aussi, explorer les ressources du langage.
Sur les autobus ne voyait-on pas récemment que telle marque de vêtement "modait" la vie ?
Amusez-vous à retrouver les slogans publicitaires dans lesquel la syntaxe paraît souffrir et tâchez de découvrir l'effet recherché par les annonceurs...

Correspondance amoureuse

Si les correspondances entre les objets, les éléments naturels, les reflets du langage sont bien au centre de la poésie, il est une source de correspondances plus féconde que les autres, c'est l'amour.
Non seulement parce qu'à l'aimée on écrit directement, mais parce que tout poème d'amour appelle à la complicité, à la parfaite correspondance des coeurs.
Cet aspect transparaît dans le poème "J'ai tant rêvé de toi" où le poète à force de rêver sa bien-aimée et d'étreindre son ombre, se demande si devant elle, devant sa forme réelle, il ne deviendrait pas lui aussi l'ombre de lui-même.
Il s'agit bien ici de "balances sentimentales" à tous les sens du terme, d'abord parce qu'on dit : "entre les eux mon cœur balance", mais aussi parce que, entre l'amant et l'amante, le sentiment passe de l'un à l'autre ainsi qu'une balançoire.

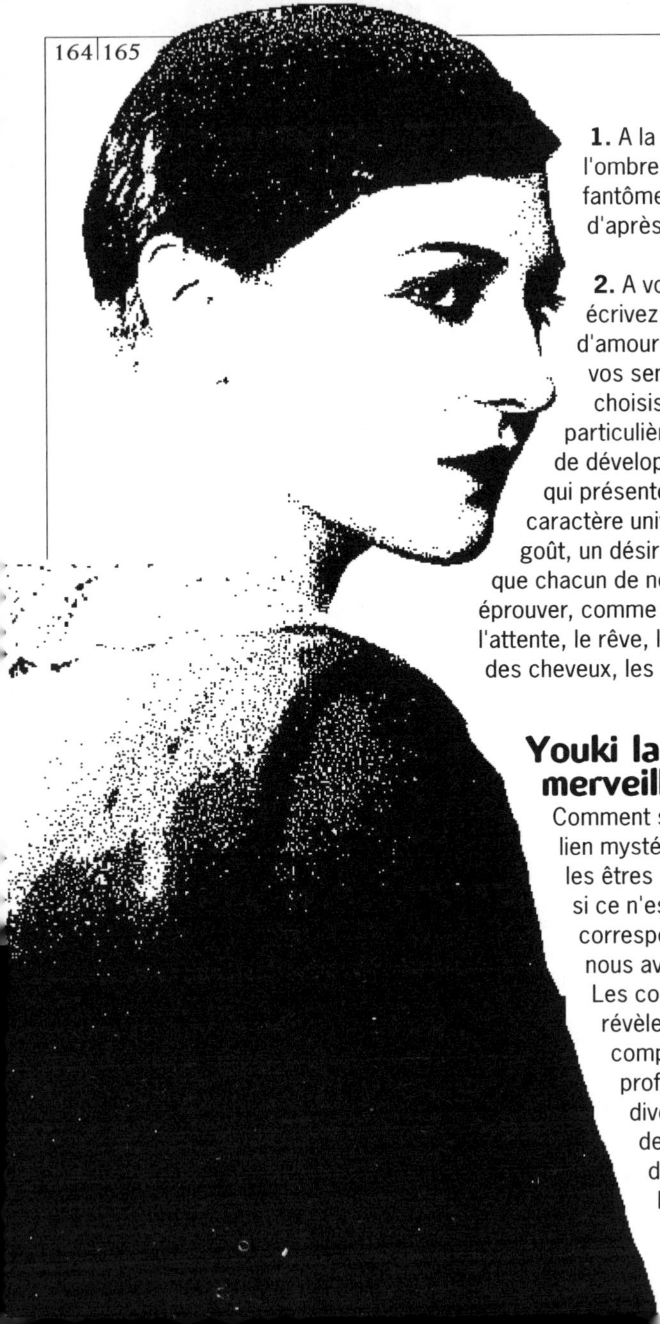

1. A la fin du poème, l'ombre devient fantôme. Pourquoi, d'après vous ?

2. A votre tour, écrivez un poème d'amour, décrivez vos sentiments et choisissez plus particulièrement de développer ceux qui présentent un caractère universel, un goût, un désir, une angoisse que chacun de nous peut éprouver, comme la jalousie, l'attente, le rêve, le parfum des cheveux, les rires...

Youki la merveilleuse

Comment s'explique le lien mystérieux qui unit les êtres et les choses, si ce n'est par ces correspondances dont nous avons parlé ? Les correspondances révèlent la complémentarité profonde des divers éléments de la nature et des mots du langage :

ressemblances et différences forment en effet une mosaïque de sens. On en retrouve l'alternance dans certains procédés stylistiques utilisés par Desnos. En particulier dans la répétition pure et dans ses variantes, comme on le voit dans "Une ville" (*Youki 1930*) ou dans "Bouquet".

1. Retenons ces deux vers :
Dans la ville sans feu ni lieu
Dans la ville sans foi ni loi...
Vous saurez certainement montrer que ces deux vers se ressemblent, et expliquer l'effet produit par cette ressemblance.

2. Analysez maintenant tout le pème et montrez pourquoi l'expression: "dans la ville" est répétée neuf fois. Quel effet cette construction produit-elle sur la conclusion ?

3. Ne pourrait-on dire aussi que "la ville d'onze heures" évoque irrésistiblement "le bouillon de onze heures" (boisson empoisonnée) et représente la cité du crime tandis que celle où l'on verse de froides larmes rappelle l'indifférence des citoyens pour les malheurs d'autrui ?
Cette ville imaginée par Desnos vous paraît-elle plus ou moins réelle que celles que vous connaissez ?

4. Comparez ce poème avec le "Couplet de la rue de Bagnolet" (page 100).
Quel poème préférez-vous ?

Les êtres de nos pensées

Dans le poème "Bouquet", ce sont les symboles qui se répondent. Les pensées qui ornent les parterres, les pensées aimables... Les roses qu'on offre en bouquet et qui symbolisent l'amour, tous ces symboles nous préparent à accueillir l'humour du dernier vers : *Les trois soucis pour moi...* Pourriez vous expliquer ce qui, ici, nous fait sourire ?

Chantefables et chantefleurs

La répétition donne souvent le ton aux poèmes que Desnos a plus particulièrement dédiés aux enfants. Les enfants aiment les ritournelles et les refrains. Très jeunes, ils éprouvent une véritable jubilation à répéter les mêmes sonorités. On admirera le poème "Le Tamanoir" qui rime entièrement en *oir*.

Relisez "La Baleine", "La Fourmi", "La Girafe". Ici la répétition des consonnes se mêle à celle des voyelles. Pouvez-vous le montrer ?

Alitération ou assonance ?

On appelle assonance la répétition des voyelles et alitération celle des consonnes. Desnos utilise les deux procédés dans "Les Hiboux". Répétition de la consonne (je) dans la première strophe : *genoux, bijoux, joujoux*. Puis du son (k) dans la seconde strophe : *bec, cailloux, comme*. Enfin on assiste à un véritable jaillissement de vocables en *ou* dans la troisième strophe: *Anjou, Poitou, Mandchou, Moscou,* etc.
On imagine le plaisir d'un jeune enfant à répéter *Tombouctou* et surtout *cabane bambou* dont les *b* semblent rebondir les uns sur les autres. Quant au "Tamanoir", la répétition invite ici à l'exercice de mémoire, petits vers, images du temps qui change et passse. Que de correspondances, ici encore, entre les choses.

1. Pourriez-vous exprimer l'idée qui unit le ciel, l'oeil, le vin noir ou bleu ?

2. Parmi les animaux, le tamanoir aurait eu forcément un ami. Lequel ?

Absurde, pas sûr

Une "fourmi de dix-huit mètres", une "araignée à moustache", "un zèbre qui fait résonner ses vertèbres"... voilà de quoi surprendre plus d'un adulte, de quoi réjouir plus d'un enfant. Mais en imaginant l'impossible on prend conscience du monde, de l'espace et du temps. Rêver d'animaux fabuleux n'a rien, en vérité, de déraisonnable.

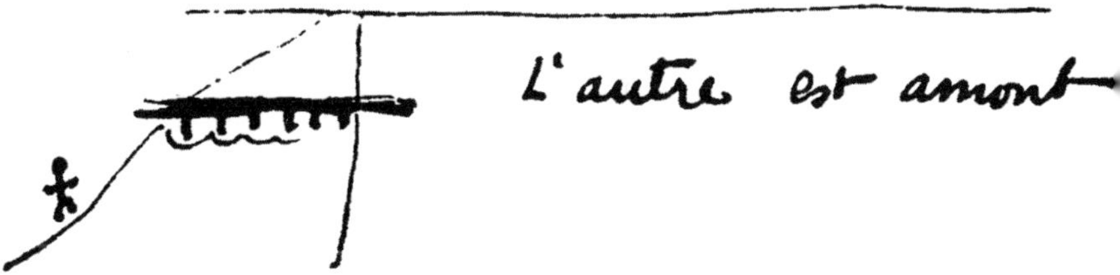

Au contraire, l'imaginaire nous offre des créatures aussi réelles que la réalité puisque nous pouvons au moins les penser et que penser est une activité bien réelle. A cet égard, l'or faux est donc aussi vrai que le vrai. Ne voit-on pas tous les jours des bijoutiers créer de vrais bijoux d'or faux ?

1. Des bijoux en plastique qui brillent comme des vrais, c'est précisément ce que demande une certaine grenouille au narrateur d'un des *Contes de la rue Broca*.
Comment s'appelle l'auteur de ces contes ?

2. Comme vous le savez peut-être, certains animaux fabuleux, comme la chimère "chèvre-mouton" ou la brebis clonée, deviennent un jour des animaux réels. A votre tour, créez des animaux étranges. Changez leur poids, leur taille, la couleur de leur pelage, de leurs écailles, ajoutez-leur des mains, des pieds, des cheveux, des objets de prédilection empruntés à l'univers des hommes, comme le bougeoir ou l'éteignoir du tamanoir. Et puis faites un concours avec vos amis : l'animal qui déclenchera le plus de fous rires remportera le prix !

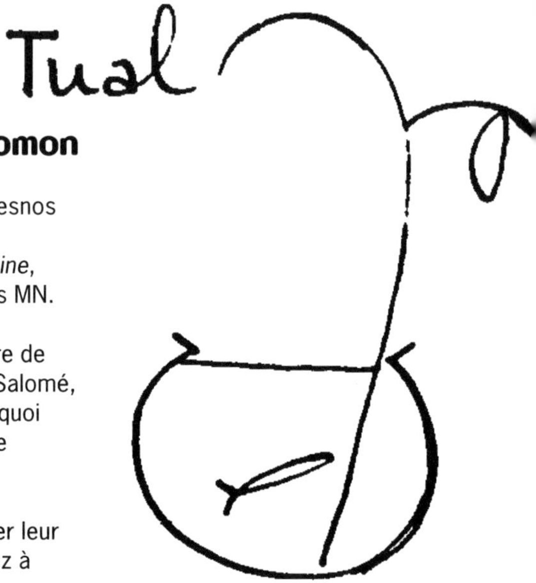

Jeux

Salomé ou Salomon

Dans l'"Élégant cantique de Salomé Salomon", Desnos s'amuse avec les mots antithétiques *aime* et *haine*, repris par les consonnes MN.

1. En retrouvant l'histoire de Salomon, puis celle de Salomé, vous comprendrez pourquoi il y est question de haine et d'amour.

2. Mais avant de retracer leur histoire, vous chercherez à reconnaître ces personnages.
Salomon est :
A. Le mari de Salomé
B. Un roi célèbre pour son jugement
C. Un poisson qui se mange souvent fumé !

Salomé est :
I. Un écrivain du XIXe siècle
II. Une princesse biblique
III. Une truite qui a le goût du saumon

La loi du légionnaire.

Dans la série de mots qui suit, saurez-vous retrouver ceux qui appartiennent à la famille latine de *legio, legionis* (génitif), laquelle a donné en français légion, et ceux qui appartiennent à la famille de *lex, legis* d'où vient le mot loi ? Attention ! Vous découvrirez que des intrus se sont glissés dans la liste…

Législateur, légiférer, légèreté, législation, légionnaire, légiste, légume, législatif, légitimement, legs, légitime, légitimer, léguer, légale, l'égal, légendaire, légat, légumier, légaliser.

Vite ! Des cartes, ami Descartes !

Descartes aimait beaucoup voyager. Il a parcouru la Hollande et le froid pays de la reine Christine de Suède, où il contracta une funeste bronchite. Mais il ne jouait pas du tout aux cartes. Il était philosophe et contemporain de :

A. Pascal
B. Galilée
C. Socrate

Les petits choux aiment les bijoux

Voici deux listes. L'une de couleurs, l'autre de pierres précieuses. A chaque pierre correspond une couleur. Mais attention aux intrus : les métaux ne sont pas des pierres, et certaines pierres ne sont pas utilisées en bijouterie.

Diamant	blanchâtre
corail	vert
or	gris
jade	violet
lapis-lazuli	rouge
argent	vert
améthyste	transparent
émeraude	jaune
Ardoise	vert
platine	gris pâle
Rubis	Doré
Opale	bleu-de-mer
Aigue-marine	bleu roi

2. L'une de ces pierres précieuses a servi à la fabrication du masque de Toutankhamon. Laquelle ?

3. Savez-vous comment on appelle les tailleurs de pierres ? Joailler, Diamantaire, orfèvre, lapidaire ou bijoutier ?

Solutions

Au fil du texte

Youki la merveilleuse
La répétition "dans la ville" permet de construire une facette chaque fois différente de la ville et de rendre crédible son évocation. La chute n'en paraît que plus drôle puisque la ville n'existe pas.

Alitération ou assonance
1. L'idée d'orage ou de beau fixe sentimental ou dans la nature.

2. Un petit loir

Absurde, pas sûr
Pierre Gripari

Jeux

Salomé ou Salomon
1. Salomon était un roi d'Israël (environ - 912 à - 932). Fils de David et de Bethsabée, son règne marque l'apogée de la puissance d'Israël. Salomon se maria avec une fille du pharaon et régna avec sagesse. Un jugement en particulier le rendit célèbre : pour départager deux femmes qui se disputaient un enfant, il ordonna de couper l'enfant en deux. La vraie mère renonça immédiatement à ses droits et Salomon put donc la reconnaître et lui rendre justice.

2. Salomé illustre au contraire la haine. Salomé était une princesse biblique. Nièce d'Hérode Antipas elle aurait dansé pour lui et, sur le conseil de sa mère Hérodiade, aurait demandé qu'on lui apporte sur un plat d'argent la tête du prophète Jean-Baptiste, qui prêchait la venue du messie et baptisait ses contemporains dans les eaux du Jourdain.

La loi du légionnaire
Pour la loi : législateur, légiférer, législation, légiste, législatif, légitimement, legs, légitime, légitimer, léguer légale, légaliser.
Pour légion : légionnaire, légat.

Vite ! Des cartes, ami Descartes !
Pascal

Les petits choux aiment les bijoux
1.
A. Diamant/transparent, jade/vert, lapis-lazuli/bleu-roi, améthyste/violet, émeraude/vert, rubis/rouge, opale/blanchâtre, aigue-marine/bleu-de-mer.

B. Intrus : l'or, l'argent, le platine qui sont des métaux, et l'ardoise qui, bien que pierre, n'est pas considérée comme précieuse et sert à couvrir les toits.

2. Le lapis, la cornaline, l'obsidienne et le quartz sont les quatre pierres précieuses incrustées dans l'or qui ont servi a fabriquer le masque de Toutankhamon.
(cf *Roches et minéraux*, collection Les Yeux de la découverte, Gallimard Jeunesse)

3. Diamantaire ou lapidaire.

Folio junior en poésie

Pourquoi les sorciers de paroles du département Jeunesse ont-ils inventé la grande petite collection Folio Junior en Poésie ? Parce qu'ils ont pensé que chaque fois qu'on part faire le tour de la terre, on devrait emporter avec soi une brindille de magie, un atome de merveille, une bulle de poésie – un de ces légers petits livres qui sont des comprimés de joie joyeuse, des condensés du plaisir d'être, en un mot : des Folio Junior en Poésie.

Claude Roy

Dans la même collection :

L'amour et l'amitié en poésie

n° 860

Apollinaire - Aragon - Artaud - Bataille - Baudelaire - Bérimont Bertrand - Borel - Borne - Bosquet - Breton - Bruant - Cadou Carco - Cendrars - Char - Chénier - Claudel - Clément Cocteau - Corbière - Cros - Desbordes - Valmore - Du Bellay Duhamel - Éluard - Emmanuel - Fargue - Florian - Follain Fombeure - Forneret - Fort - Franck - Frénaud - Gautier - Genet Gilson - Godel - Gourmont - Guillevic - Guyon - Jabès - Jacob Jammes - Jean - Jouve - Labé - La Fontaine - Leconte de Lisle Leiris - Lingendes - Maeterlinck - Malherbe - Mallarmé Malrieu - Marot - Martin - Meschonnic - Michaux - Montaigne Montherlant - Musset - Nerval - Noël - Orizet - Orléans - Parny Pozzi - Queneau - Reverdy - Romains - Ronsard - Rousselot Rutebeuf - Sabatier - Saint-John Perse - Scève - Schneider Sondenkamp - Soupault - Sponde - Supervielle - Tardieu - Tours Tzara - Valéry - Verlaine - Vigny - Vildrac - Vilmorin - Vivien Voiture - Walter

Et aussi...

La liberté en poésie
n° 862

La mer en poésie
n° 859

Le rire en poésie
n° 920

L'arbre en poésie
n° 861

Arthur Rimbaud un poète
n° 858

Jacques Prévert un poète
n° 857

Claude Roy un poète
n° 1129

Jean Tardieu
n° 1130

Raymond Queneau
n° 1131

Loi n°49-956 du 16 juillet 1949
sur les publications destinées à la jeunesse
ISBN 2-07-051583-4
Numéro d'édition: 11877
Premier dépôt légal: septembre 1980
Dépôt légal: février 2002
Imprimé en France sur les presses de l'imprimerie Hérissey
Numéro d'impression: 91732